U0726440

现代教育技术理论与应用研究

明世超◎著

吉林出版集团股份有限公司
全国百佳图书出版单位

图书在版编目（CIP）数据

现代教育技术理论与应用研究 / 明世超著. -- 长春:
吉林出版集团股份有限公司, 2023.6
ISBN 978-7-5731-3755-5

Ⅰ.①现… Ⅱ.①明… Ⅲ.①现代教育技术 Ⅳ.
①G40-057

中国国家版本馆CIP数据核字(2023)第141176号

XIANDAI JIAOYU JISHU LILUN YU YINGYONG YANJIU
现代教育技术理论与应用研究

著　　者/　明世超
责任编辑/　金方建
开　　本/　787 mm × 1092 mm　1/16
印　　张/　10.25
字　　数/　200千字
版　　次/　2023年6月第1版
印　　次/　2023年6月第1次印刷

出　　版/　吉林出版集团股份有限公司
发　　行/　吉林音像出版社有限责任公司
　　　　　　（吉林省长春市南关区福祉大路5788号）

电　　话/　0431-81629679
印　　刷/　吉林省信诚印刷有限公司

ISBN 978-7-5731-3755-5　　定价　58.00元

如发现印装质量问题，影响阅读，请与出版社联系调换。

前　言

技术是解决问题的方法及原理，是指人们利用现有事物形成新事物，或是改变现有事物功能、性能的方法。现代教育技术的发展对学校教学模式产生着深刻影响，在互联网技术与现代教育实现深度融合的背景下，从科学的高度对现代技术理论进行搜集、整理、概括、总结、提炼，将其应用在现代教育体系上，以实现教育与信息化的深度融合，提高教育工作者的专业素养，适应当今教育的发展趋势。

基于此，本书以"现代教育技术理论与应用研究"为选题，首先论述了现代教育技术，内容包括教育与技术、教育信息化与信息技术、现代教育技术与教育发展；其次，对现代教育技术的理论基础进行分析，包括视听教育与传播理论、学习理论与教学理论、系统工程科学及方法理论；再次，基于信息化教学环境与网络学习资源进行总结，探讨了信息化教学设计与效果评价，得出相应的分析和评价；然后，探索信息技术与现代教学课程的整合，得出信息技术与课程整合的模式、与各学科整合的内容、信息技术与教育教学的深度融合发展；最后，围绕现代教育信息化的主阵地——智慧课堂，探讨智慧课堂的价值与意义、智慧课堂的教学平台与微课资源和智慧课堂的特征与基本范式应用。

本书内容丰富，语言简洁，逻辑清晰，注重章节之间的逻辑性、连贯性等，从而确保内容的完整性和系统性，力争系统地反映现代教育技术理论与应用研究的整体知识结构，有助于读者更好地理解与应用。

笔者在撰写本书的过程中，得到了许多专家学者的帮助和指导，在此表示诚挚的谢意。由于笔者水平有限，加之时间仓促，书中所涉及的内容难免有疏漏之处，希望各位读者多提宝贵意见，以便笔者进一步修改，使之更加完善。

作者

2023 年 2 月

目　录

第一章 现代教育技术

第一节 教育与技术

人类自有教育活动以来，从来就没有脱离技术的支持与影响。从某种角度来说，教育的发展以技术的发展为前提。

一、教育技术的演变

（一）教育史的四大变革

第一次教育变革：大约发生在公元 2 世纪。由于人类社会有了专门的学校和专职教师，教育青年一代的责任也就随之发生改变——从家族手中转移到专职教师的手中，于是引起了教育方式的重大变革，家庭教育开始让位于学校教育。

第二次教育变革：由人类文字体系的出现而引起。在学习过程中，人们把书写作为与口语和手势同样重要的教育工具，教学除了口耳相传外，有了书写的训练，教育活动效率大大提高了一步，教育方式又发生了一次重大变革。

第三次教育变革：由于印刷术的出现，特别是活字印刷术发明后，书籍可以大量印刷教育有了教科书，并被普遍应用。知识不再为少数人垄断，教育方式又发生了再次重大变革。

第四次教育变革：现代科学技术迅速发展，并在教育领域得到广泛运用，使教育方式再次发生了重大变革，这就是我们通常所说的电化教育。这次教育领域的变革，其普及速度之快、反响之强烈、影响之深远，都是前三次变革无法比拟的。

（二）技术的创新与应用对教育产生的影响

在教育信息化飞速发展的新形势下，教育技术学研究现状如何是值得研究者关注的问题之一。① 教育与技术从来就是密切相关的。如果人们把教育看作是一个学习者、教师和他们所处环境之间相互联系的生态系统，那么这些联系很大程度上取决于教学所采用的技术。教与学的活动越来越受到信息提供量的影响，教学上的新理念、新方法和新工具的更新将不断改变教学，使人们可以利用各种手段和媒体接受教育的影响。

1. 文字的发明

文字的发明为表达、记录和保存人类知识提供了智能手段。文字是代表一定内容的符号，它逐渐从形象化走向抽象化。早期的文字与绘画相差无几，最早的绘画文字见于旧石器时期的洞壁，这种文字中的图画是各种事物的记号。后来，在绘画文字的基础上发展出表意文字，表意文字中的图画能表达某种意思。

能读出声音来的文字的出现是文字史上一大进步。有声文字分两类：一类是象形文字，符号有读音，且代表音节；另一类是拼音文字，用一些字母来表示声音，几乎每个字母都发音。拼音文字比象形文字更容易书写，也更容易识读。

2. 纸的发明和书写工具的改进

纸的发明为人类提供了优质、轻便、价廉的书写材料，同时纸也是印刷的重要材料。纸的发明和广泛应用，是发明印刷术的重要条件。

我国早在西汉初期就开始使用纸张了，并且有的纸张已能用于书写。公元 105 年东汉蔡伦总结前人经验，改进了造纸工艺，扩大了造纸原料，提高了纸张的质量，从此，纸张逐渐代替了简帛。公元 4 世纪，纸张完全替代了简帛，成为主要的书写材料。南北朝时期是纸写本的繁荣时代，手抄本的盛行使书籍产量大增，促进了文化的传播，为印刷术发明创造了条件。

这些技术的发明与使用，使得人类记录教育信息的新载体——教科书得以出现，进而极大地改变了以往教育活动的形态。围绕教科书而展开教育教学活动的方法、模式、原则等都有了新的阐释。

3. 现代教育媒体的出现与应用

自 19 世纪末以来，幻灯片、录音、电影、电视及电子计算机先后渗入学校教育领域，产生了巨大的影响，不仅扩大了教育规模，而且提高了教学质量，增进了教学效率。

进入信息社会后，电子技术、通信技术、信息处理技术被开发和应用于教育教学过程，为学生能力的提高与发展提供了机遇。特别是以多媒体计算机为代表的现代信息技术

---

① 赵呈领，阮玉娇，梁云真. 21 世纪以来我国教育技术学研究的热点和趋势 [J]. 现代教育技术，2017，27（3）：49.

在教育上的应用，将存储记忆、高速运算、逻辑判断、自动运行的功能和信号、语言文字、声音、图形图像、动画和视频等多种媒体信息集为一体，利用图形交互界面、窗口交互操作以及触摸屏技术，使人机交互能力大大提高。

以 Internet 为标志的"信息高速公路"的出现，更加充实了教育的内容，使教育信息具有即时性、多样性和视听双重性，使教育打破了时空的限制，促进了教育内容的信息化，实现了教育传播手段的现代化、传播信息的多样化以及传播过程的自动化。

二、教育与技术的联系

（一）认识教育与技术

关于"教育"以及教育中所使用的"技术"，历来是教育技术工作者的实践对象，也是教育领域关注的核心。

教育是由教育者根据社会的要求和人的身心发展规律，对受教育者所施加的一种系统影响活动。教育的目的是促进受教育者的身心发展，是教育者对受教育者有目的、有意识的培养，其实质是一种培养人的活动。

对于"技术"，人们对它的理解则表现出多样性。目前对"技术"主要有两种不同的理解：一种是狭义的理解，是指根据生产实践经验和自然科学原理发展形成的各种工艺操作方法与技能，这种理解广泛应用在工业领域，它把技术局限于有形的物质方面；另一种是信息社会中人们对技术的理解，认为"技术"基本上包含两个方面的核心内容，即有形的物质工具手段和无形的非物质的智能方法。

在现代意义上，技术是以实验或科学理论为基础的任何系统化的实际知识的应用，这种知识可以提高社会制作品和服务的能力，并体现为生产的技巧、组织和机器。这种对技术的理解除了提到的技能、技巧、方式或方法等技术要素之外，同时指出了技术是知识的应用，而且技术知识的形成以实验或科学理论作为依据。

（二）教育与技术的关系

在教育实践中，技术与教育孰轻孰重的定位常常出现偏差，人们往往很难把二者很好地统一在一起。

技术的发展与普及的一个重要规律就是技术必须适应它所运用的领域和对象之特殊性。因此，作为一种技术运用于教育中，必须遵循教育的发展规律，技术的应用是为了教育的进步，为了受教育者的成长和发展。作为教师的教学工具和学生的认知工具，技术在教育活动中并不直接改变学生的思想和身体状态，而是通过信息（语言、文字、生动的画面等）的传递来影响学生的思想和情感，改变学生的内在知识结构，进而通过这些心理结构促进和影响学生身心和社会实践活动的发展。这个过程离开教育是无法实现的。

技术应该为教学服务，而不是相反。在教学中采用各种技术手段时，决不能为技术而技术，不能因为别的学校采用了某种新的教学技术，自己害怕落后而趋之若鹜，这样是难以取得良好效果的。实际上，在教学中使用了某种复杂的教学技术，不一定能改善教学、提高教学效果。关键的问题在于教育者是否真正理解了教学技术与教学过程之间的复杂关系以及教学技术的运用是否符合学科的特点和受教育者的需要。随着科学技术的发展进步以及基础教育课程改革的深入开展，教育与技术的关系越来越紧密。每当一种新的技术手段融入了人们的教育当中，我们的教学方式、教学手段，以及教学方法、教学理念都会发生一系列相应的变化。

首先，技术的使用能够有力地改变教育者的教育观念，提高他们的教育能力。教育观念是教育者的教育价值观、教育理想和教育目的的总和，教育能力则是教育者实现这种理想和目的的本领和技能。教育观念和教育能力在很大程度上反映了一定时期科学发展的水平。尤其是在近代科学产生之后，它们直接采取了科学的形态，形成了教育科学这一庞大的科学领域。具体地说，科学发展水平会影响教育者对教育内容、教育方法的选择和对教育工具的使用，也会影响他们对教育规律和教育过程中的教育机制的认识。

其次，技术的使用能够影响教育对象。一方面，科学的发展日益揭示教育对象的身心发展规律，从而使教育活动更符合这种规律，并使学习者扩展自己的受教育能力；另一方面，技术的发展及其广泛应用，能够使教育对象的视野和实践经验得以扩大。

最后，技术还会渗透到教育的所有环节之中，为教育的发展提供各种必需的思想要素和技术条件。技术迅速发展促使教学内容不断更新，课程体系不断变化。学校类型与规模的扩展、教育设施的兴建、教育内容的记载与表达方式、教学用具与器材的制造等都离不开技术的作用。纵观教育发展的历史可以发现，技术发展与教育的发展在总体上是同步的。有什么样的技术发展水平，就会有什么样的教育发展水平。技术一旦有了某种进步，教育迟早会发生相应的变革。

教育与技术是两种不同的事物，各有其内在的本质与发展变化规律。在教育与技术的关系上，之所以存在不同的观点，是因为各自所处的位置不同，看事物的角度不同。在大众的组织技术和学习结构中，经常是由供应商控制学习——他们控制工具的整合。这样就造成工具驱动人去做事情（而不是人以学习和交流为目的来驱动技术）的状况。教师和学生的学习方式是受所选工具的功能所驱动的。人们希望有多种选择，但工具通常呈现有限的功能。更遗憾的是，教育者的教学方法常让位于工具。

从某种意义上说，教育与技术的发展史就是教育与技术不断靠拢、互相影响的历史。一方面，教师和学生不断学习和掌握新技术以提高教与学的效果；另一方面，技术也通过不断人性化、智能化、廉价化来向公众靠拢。一旦这两方面的努力达到某个平衡点或结合点，就会激发出变革的巨大能量。此时技术就在教育教学领域迅速普及，并深刻影响教育教学的内容与形式。

教育和技术之间并不存在因果关系。技术能够为教学提供新的思路，改善教学效果，教学的要求和目标能够推动技术的更新和发展。我们需要的是在教育和技术之间找到一种平衡，而不能将技术强加到教育中去。教育需要的是最合适的技术，而不是最好的技术，更不是那些最昂贵的技术。

第二节　教育信息化与信息技术

一、教育信息化

网络技术的迅速普及，使得人们越来越关注信息技术与社会发展的关系。信息时代，现代教育技术需要研究的重要课题之一就是如何在信息技术的支持下利用信息化的教学资源等实现教育教学优化。教育信息化也必然成为教育改革和发展的新方向。

（一）教育信息化的定义

教育信息化有两层含义：一是把提高信息素养纳入教育目标，培养适应信息社会的人才；二是把信息技术手段有效应用于教学与科研，注重教育信息资源的开发和利用。

从教育信息化的"教育"属性上观察，教育信息化主要有三个基本特征：第一，在现代教育理念指导下，它是"教育"和"信息技术"融合的产物；第二，具有推动教育教学各个领域、各个环节发展和创新的功能；第三，有助于实现以教育普及、质量提高、教育公平、教育终身性、教育服务性为核心特征的教育现代化。教育信息化的这些特征呈现在国际国内教育信息化推进实践之中，展现出教育信息化促进教育变革的功能。

（二）教育信息化的意义

教育信息化是指在教育领域全面深入地运用现代化信息技术来促进教育改革和教育发

展的过程，其结果必然是形成一种全新的教育形态——信息化教育。

人们应该把教育信息化作为一个追求信息化教育的过程。

教育信息化是驱动教育改革的加速器，是国家信息化的重要组成部分。教育信息化的发展，带来了教育形式和学习方式的重大变革，对传统的教育思想、观念、模式、内容和方法产生了巨大冲击。对转变教育思想和观念，深化教育改革，提高教育质量和效益，培养创新人才具有深远意义，是实现教育跨越式发展的必然选择。

（三）教育信息化的特征

1. 信息化教育环境

能为信息化应用提供基础支撑的就是信息化教育环境，也可以说只有基础设施建设达到一定的高度时，以信息化为特征的教学形态的出现才成为可能。加快学校信息化网络建设，充分依托网络资源，实现校内、校际、学校与其他教育机构之间高速互联，为各种信息化应用提供网络支持，提高教学用终端设施配置水平。按照当前适用、长远够用、适度超前的原则，提高学校教学、办公用计算机和多媒体教学设备配置率，加大计算机教室、数字实验室、录播教室等信息化功能教室建设力度，积极推广应用学生数字化学习终端、移动教学等。

2. 信息化教育资源

构筑数字教育资源公共服务体系，为资源提供者、使用者搭建交流、共享和应用平台。汇聚数字资源，为学习者提供丰富、优质、易用的学习内容和可靠的平台支撑。

建立优质数字教育资源开发、应用、服务机制。面向教育教学，开发优质数字教育资源，充分发挥学校和教师在个性化资源建设中的主体作用。推进优质教育资源普遍共享与深度应用。通过名师讲堂、名校网络课堂等多种形式，向师生推送优质、实用的教学视频、课件、教学设计方案、在线课程等资源，并鼓励其在课堂教学活动中经常性、普遍性使用。鼓励教师以先进的教学理念和教学模式，激发学生学习兴趣，促进学生思考，实现教育教学模式创新和学生学习方式的转变。

3. 信息化人才

教育信息化的发展彻底打破了传统的教学方式，教师由原来知识的传授者变为学生学习的组织者和指导者。教师的陈旧思想必须转变，改变思想观念，投入到教育现代化的改革浪潮中来。培养教师适应在现代教育思想、教育理论的指导下，主要运用现代信息技术来实现开发教育资源、优化教育过程，从而适应培养和提高学生信息素养为重要目标的新教育方式。

教育信息化建设的目的是促成以现代教育理论为指导，以新型教学模式为核心，以现代信息技术为支撑，以丰富的教育资源为基础的新教育形态——信息化教育。

二、信息技术

（一）现代信息技术的发展

现代信息技术主要是指以微电子学为基础，结合计算机技术和通信技术形成的对声音、图像、文字、数字和各种传感信号的信息进行获取、加工、处理、储存、传播和使用的技术。21 世纪，云计算、普适计算、物联网等信息技术引发了新一轮的技术革命。

1. 云计算

云计算是一种基于互联网的超级计算模式。它可以把存储于个人电脑、移动设备和其他设备上的大量信息和处理器集成在一起协同工作，为用户提供各种 IT 服务。用户可以利用各种个人终端，经互联网连接到"云"中。它甚至可以让用户体验每秒 10 万亿次的运算能力，可以模拟核爆炸、预测气候变化和市场发展趋势等。

2. 普适计算

普适计算是一种无所不在、随时随地的计算方式，其核心思想是小型便宜、网络化的处理设备广泛分布在日常生活的各个场所。计算设备将不只依赖命令行、图形界面进行人机交互，而更依赖"自然"的交互方式。计算设备的尺寸将缩小到微米甚至纳米，并被赋予强大的计算能力，使我们不知不觉地和网络进行交互。

3. 物联网

物联网就是物物相连的互联网，通过射频识别、红外线感应器、全球定位系统、激光扫描器等信息传感设备，按照约定的协议，把任何物品与互联网连接起来，进行信息交换和通信，以实现智能化识别、定位、跟踪、监控和管理的一种网络。在云计算、普适计算的配合下能够对网络内的人员、机器、设备和基础设施进行实时管理和控制。

（三）信息化的学习方式

"信息化改变了人们的工作方式、思维方式、交往方式乃至生活方式，进而推动人们学习方式发生改变。"① 适应教育信息化的学习方式有自主学习、合作学习、探究学习、体验学习及混合学习、移动学习等。

1. 信息化环境下的自主学习

信息化环境下的自主学习是指学生利用信息化环境所提供的手段和资源进行的主动的、积极的、探索性的学习，其实质就是在教与学的过程中充分发挥学生的主观能动性和创造性，并在主题认知生成过程中融入学生自己的创造性见解，提高学生独立解决问题的能力。

丰富的资源和信息传输及时等为学生的自主学习提供了良好的环境；学生自主化学习的程度相对于传统学习来说有了很大的改观；学生创造性得到发挥，获得帮助的方式增多且时效性提高。

2. 信息化环境下的合作学习

这里的合作学习主要指在信息化环境中，学习者在教师的指导和帮助下，以小组为单位，为达到共同的学习目标，或者为完成共同的任务，利用信息化环境提供的相关信息技术，获取、分析和处理学习资源，进行分工协作的一种学习方式。

信息化合作学习中，学习内容不同于传统合作学习的内容，学习者参与合作学习的深度得到增加，协作交互活动拓展了合作的空间，评价方式可以由信息技术实现等。

3. 信息化环境下的探究学习

广义上来说，信息环境下的探究学习是指在信息化环境中，充分利用信息技术，学习主体对学习客体进行探究性的学习活动。狭义来说，大众把学校里的探究学习定义为：学生围绕一定的问题、文本或材料，在教师的帮助和支持下，充分利用信息技术自主寻求或自主建构答案、意义、信息或理解的活动或过程。

信息环境下的学习方式虽然可以丰富学生的学习方式，但绝不能替代接受式学习。传统的接受式学习不仅在人类的教育史上有伟大的贡献，而且在今天也是作用最大、应用最广的学习方式。探究学习强调学生是学习的主体，学生的学习是信息技术支持下的交互式、协商式、合作式的主动行为。

4. 信息化环境下的体验学习

体验学习是一种以学习者为主体的，通过信息技术创设一定的学习环境，使学习者真实地亲历或虚拟地亲历来获得知识、技能和态度的学习方式。体验具有情景的虚拟性，体

---

① 安素平，安晓光. 信息化学习方式与案例教学 [J]. 漳州师范学院学报（哲学社会科学版），2012（1）：171.

验学习强调主动性、主体性、实践性、反思性。

5. 信息化环境下的混合学习

混合式学习的原意是多种学习方式的混合，核心目的是将传统的学习方式和信息化学习的优势相结合。

混合式学习已成为国内外高度关注和研究的热点。从国内来看，所谓混合式学习就是把传统学习方式的优势和信息化学习的优势结合起来，既发挥教师引导、启发、监控教学过程的主导作用，又充分体现学生作为学习主体的主动性、积极性与创造性。

学习形式上主张离线学习和在线学习的混合；师生关系上主张教师主导和学生主体的混合；学习方式上主张自主学习和协作学习的混合、接受学习和发现学习的混合；教学模式上主张多种教学模式的混合；学习过程上主张学习、实践和绩效支持的混合；学习资源上主张多种教学资源和媒体的混合，信息资源和非信息资源的混合；学习环境上主张多种学习环境的混合，学生除了利用信息技术学习之外，还应该有现场学习。

概括起来，混合学习就是各种学习方法、学习媒体、学习内容、学习模式，以及学习环境等的混合，但绝不仅仅是把这些相关的成分混合起来，而是一个有机整合的过程。

6. 信息化环境下的移动学习

移动学习是一种在移动计算设备帮助下的能够在任何时间、任何地点发生的学习。

移动学习所使用的移动计算设备必须能够有效地呈现学习内容并且提供教师与学习者之间的双向交流。移动学习与固定学习的本质不同在于其"移动性"，即可以随时随地学习，因此，时间和内容极具碎片化，学习群体可以自由组合。

信息化学习方式对学习者提出了更高的要求，主要表现包括：学习者的信息素养；学习者的创新精神与实践能力；学习者的自主学习能力、协作学习能力和终身学习能力。

随着我国近年来对信息技术教育重视程度的不断提高和教育信息化进程的不断加快，社会各界，特别是地方教育行政部门、学校、教师、家长要提高对信息技术教育重要性的认识，改变传统旧观念，为培养新时代有竞争力的学生尽心、尽责、尽力。

第三节　现代教育技术与教育发展

一、现代教育技术与教育的变革

21 世纪的竞争，是经济实力的竞争，是科学技术的竞争，但归根结底，是人才的竞争，而人才取决于教育。为此，世界各国对当前教育的发展及信息技术在教育中的应用都给予了前所未有的关注，都试图在未来的信息社会中让教育走在前列，以便在国际竞争中立于不败之地。

"将现代教育技术应用到教育行业，促进了教学模式和教学手段的快速变革，这样不仅丰富了学生的知识基础，也培养了他们的科学意识和信息素养。"① 为了培养出能适应21世纪需要的具有全面的文化基础（包括信息方面的文化基础）、创新能力和高尚道德情操的一代新人，现代教育技术具有至关重要的意义。不仅因为信息社会的文化基础包含信息方面的知识与能力、在信息方面知识与能力的培养有赖于现代化的教育技术手段，而且还因为各个学科（无论大学、中学还是小学的学科）其教学的深化改革都离不开教育技术理论的指导和以计算机为基础的教学环境的支持。

（一）新型教学模式的构建

教育改革应落实在教学改革上，教学改革不应只注重内容、手段和方法的改革，更应重视对教学模式的改革。到目前为止，人们在教学中开展的许多改革还没有对教学模式进行根本性的变革。

传统的教学系统是由教师、学生和教材三个要素构成，在现代化教学环境下还要多增加一个要素，这就是教学媒体。这些要素不是简单、孤立地拼凑在一起，而是彼此联系、相互作用而形成的有机整体。

教学模式正是由这四个要素相互联系、相互作用而形成的教学活动进程的稳定结构形式，是四个要素相互联系、相互作用的具体体现。

当前构建新型教学模式的核心在于，充分发挥学生在学习过程中的主动性、积极性与创造性，使学生在学习过程中真正成为信息加工的主体和知识意义的主动建构者，而不是外部刺激的被动接受者和知识灌输的对象；教师则应成为课堂教学的组织者、指导者，学生建构意义的帮助者、促进者，而不是知识的灌输者和课堂的主宰。

（二）理想教学环境的建立

现代教学媒体主要指以多媒体技术、计算机技术和网络技术为基础和核心，包括多种形式的信息传播媒体，如音像技术媒体、多媒体计算机、教室网络、校园网和因特网等。这些现代教学媒体对教育、教学过程来说，它们所具有的特性，可以为新型教学模式的建

---

① 张春燕. 融入现代教育技术突破语文阅读教学时空限制 [J]. 小学科学，2023 (3)：82.

构提供最理想的教学环境。

1. 丰富的交互性

多媒体技术把音像技术媒体所具有的视听合一功能与计算机的交互功能结合在一起，产生出一种新的图文并茂的丰富多彩的人机交互方式，这样一种交互方式对教学过程具有重要意义，它能有效地激发学生的学习兴趣，使学生产生强烈的学习欲望，从而形成主动学习的动机。此外，这种交互性还有利于发挥学生的认知主动性的作用。在多媒体技术支持的交互式学习环境中，学生可以按照自己的学习基础、学习兴趣来选择所要学习的内容和适合自己水平的练习，甚至是教学（学习）策略。换言之，学生在这样的交互式教学环境中有了主动参与的可能，这种主动参与性为学生的主动性、积极性的发挥创造了良好的条件，从而使学生真正体现认知主体的作用。

2. 多样的外部刺激

现代教学媒体提供的外部刺激不是单一的刺激，而是多种感官的综合刺激。这对信息的获取和保持都是非常重要的。信息和知识密切相关，获取大量的信息可以掌握更多的知识。通过多种感官的刺激所获取的信息量，比单一地听老师讲课的效果要好得多。

3. 非线性的超文本特性

超文本是按照人脑的联想思维方式，用网状结构非线性地组织管理信息的一种先进技术。如果所管理的信息不仅是文字，而且包含图形、动画、图像、声音、视频等其他媒体信息，那么就形成一个超媒体系统。目前的几乎所有的多媒体系统都采用超文本方式对信息进行组织与管理。人类思维具有联想特征。人在阅读或思考问题过程中经常由于联想从一个概念或主题转移到另一个相关的概念或主题。按超文本的非线性、网状结构组织管理信息和按传统文本的线性、顺序结构组织管理信息相比较，前者更符合人类的思维特点和阅读习惯。

依据多媒体的超文本特性与网络特性结合的产物——互联网，它具有符合人类联想思维、极为丰富的信息资源的特点，特别适合学生进行"自主发现、自主探索"式的学习，这样可以为学生发散性思维、创造性思维的发展和创新能力的孕育提供肥沃的土壤。发现式学习策略有机会使学生在信息海洋中自由探索、发现，并对所获取的大量信息进行分析、评价、优选和进一步加工，然后根据自身的需要加以充分利用.使学生在信息能力方面得到最好的学习与锻炼，从而较快地成长为既有高度创新精神，又有很强信息处理能力的符合 21 世纪需求的新型人才。

（三）教学设计理论

教育技术学理论的核心是"教学设计原理"，它是连接学习理论、教学理论与教学实践的桥梁，是一门用来指导实际教学过程，为"如何教"及"如何学"提供具体处方的理论。这门学科自 20 世纪 60 年代末诞生以来，目前已发展为不同类型的教学设计理论。

1. 以"教"为中心的教学设计

完全围绕如何帮助老师的"教"而展开。经过教育技术专家多年的努力，这种教学设计已形成一套相当系统、完整且有很强可操作性的理论与方法，并在教学实践中产生了较大的影响，受到广大教师的欢迎。其优点是有利于教师对课堂教学进程的组织、管理与控制，同时也有利于教师主导作用的发挥。但这种教学设计忽视了学生的主动性，在整个教学过程中把学生置于受灌输的被动地位。显然这种教学设计理论是为传统的教学模式服务的。

2. 以"学"为中心的教学设计

自 20 世纪 90 年代以来，随着多媒体技术和互联网应用的迅速普及，这种新的教学设计理论与传统的以"教"为中心的教学设计完全不同——它的全部理论、方法都是围绕如何帮助学生的"学"，即如何促进学生主动建构知识的意义而展开。这种理论强调在教学过程中是学生（而不是教师）处于中心位置，教师应围绕学生转（而不是相反）。

二、现代教育技术与教育的发展

求知与开发智力无疑是教育的根本任务，但不是唯一任务。课程的功能绝不仅仅是传授知识，应当通过课程使学生学会做人，学会求知，学会劳动，学会生活，学会健体，学会审美，使学生得到全面和谐的发展。这是新一轮课程改革达成的共识。

当前，世界各国的课程改革都将课程功能的改变作为首要目标，力争使新一代的国民具有适应 21 世纪社会、科技、经济发展所必备的素质。我国新一轮基础教育课程改革深刻分析了基础教育存在的弊端和问题，鲜明地提出：改变课程过于注重知识传授的倾向，强调形成积极主动的学习态度，使获得知识与技能的过程成为学会学习和形成正确价值观的过程。这一根本性的转变，对于在基础教育领域全面实施素质教育，培养学生鲜明的社会责任感、健全的人格、创新精神和实践能力、终身学习的愿望和能力、良好的信息素养和环境意识等，具有重要意义。

在传统教育中，学生的地位完全是被动的，教学内容、教学策略、教学方法、教学步骤等都由教师来安排。现代教育技术的发展则改变了学生对教师的这种依附状态，学生由于有多样化现代信息技术手段的支持，获得了从多渠道学习知识的机会，获得了学习的自由。他们不仅可以像以往那样从教师那里获得知识，也能在教师之外进行补偿性、验证性、兴趣性、适应性的再学习。这样，学生角色从被动学习者转变为积极的主动学习者，学生在学习过程中的主体地位得到了体现。但是，学生角色在现代教育技术发展下的这种转变不是必然的。换言之，并不是有了现代化的教育技术设备和手段，学生就自然地表现出主动学习者的角色特征，学生借助现代教育技术进行积极自主学习和自我教育应有一定的条件，这就是学生必须有独立自主学习的精神，善于获取知识的能力，良好的学习品质并能够掌握适合自己特点和学习要求的一系列方法。离开这些条件，现代教育技术并不能发挥作用。

因此，大众在考虑现代教育技术发展对学生角色的影响时，既要看到学生角色转变的外在可能性，又要认识到对学生角色转变的内在条件与能力的要求。

三、现代教育技术与教师专业发展

现代教育技术支持的教师专业发展可以界定为：以技术（特别是信息技术）为环境、手段、途径、方式和方法，促使作为专业人员的教师，在专业知识、教学技能、职业态度等方面不断完善的一个系统的动态的复杂过程。其目标在于帮助教师适应信息化教学，促进教师发展，进而提升教育教学质量。

（一）信息时代对教师专业发展的要求

随着现代信息技术的飞速发展和计算机的普及，信息呈几何级数增长，信息时代已呈现出开放性和跨时空的突出特点。信息时代的教育对所有地区、所有学校和每一个人来说都是全新的挑战，因而教师不可能再是传统知识的主要来源和学术上的权威。学生完全有能力通过网络获得老师所不知的信息。这些必然促使教师要不断接受新知识、新技能，同时要转变教育思想和观念，即走专业化发展之路。教师只有不断努力学习，充实自己，才能站在时代发展的前沿，把握时代脉搏，迎接新时代的挑战，真正成为实现教育跨越式发展的生力军。

"教师教育的高质量发展不仅包括教师教育体系的高质量发展，还包括教师培养与培训的高质量发展。"① 影响教师专业发展的因素有：技术变化、教学思想变化和教学内容

---

① 王鉴，张盈盈. 新时代我国教师教育高质量发展的逻辑与路径［J］. 重庆高教研究，2023，11（1）：14.

变化三方面。自 20 世纪 90 年代以来，国际教育界出现了一种以教育信息化促进教育深化改革的趋势。教育信息化的推进带来教师职业状态的新变化，无论是教学的环境设施、信息资源的形态与数量，还是教师的专业素养、教学工具、工作方式、教师的角色等方面都发生了变化。信息时代的技术、教学思想和教学内容都与以往不同，教师职业状态的变化引发信息时代教师的专业发展。

信息时代对教师的"信息化教学能力"要求凸显，在信息化条件下教师专业发展的直接目标包括：应用信息技术开展有效的教学；利用信息技术支持学术及教学研究；利用信息技术进行交流协作；利用信息技术进行学习。要想达成这些目标，需要教师不仅要学习新技术的基本知识和技能，而且要形成新的结合了技术的教学方法及教学理念，对自己的教学实践产生新的认识，探究对课程内容和资源的更新、更深入的理解。

（二）现代教育技术对教师专业发展的作用

1. 有助于教师专业知识的拓展

教师专业知识的拓展，主要包括三个方面：①量的拓展，即知识量的增加；②质的拓展，即专业知识的纵深发展；③认识结构的深化。随着信息技术的发展并且在教育中广泛运用，使教师可以利用信息技术备课、上课，不但可以提高教学质量，还可以节约大量的时间，大大减少了教师的重复劳动，使教师从大量的备课和讲课任务中解放出来，用更多的时间拓展自己的专业知识。他们还可通过网络与其他学科的教师一起磋商，各种信息资源库都向教师开放，可为全国教师提供全方位的网络教育服务。

2. 有助于教师专业素质的提升

教师专业素质主要指教师的教育教学能力，是教师在教育教学活动中形成的顺利完成某项任务的能力，主要包括：教学设计能力、表达能力、教育教学组织管理能力、教育教学交往能力、教育教学机制、反思能力、创新能力、教育教学研究能力等。这些能力的培养必须靠教师在教学过程中形成。现代教育技术在教育教学中的普及，极大地促进了教师能力的提升。通过网络教师不仅能获得其他教师处理同一问题的方法，而且还可以从不同的名师甚至专家处获得他们处理教学以及学生问题的技巧，从而提高自己的教育教学水平。

3. 有助于多形式教师教育的开展

有效的职前培养和职后培训是促进教师专业发展的重要途径。现代教育技术在教师职前培养和职后培训中发挥着重要的作用，推动了教师教育信息化建设和教师教育一体化改革。

教师不仅可通过知识系统、专家系统、计算机辅助教学系统、电子图书馆、电子阅览室、视频会议、现代远程教育、VOD（视频点播）、虚拟课堂、虚拟实验室、网络学习资源、光盘课件、卫星资源接收系统、电视、录音、可视电话等方式接受教育、培训，还可通过电子邮件和 BBS、网上论坛等与知名教师或教授共同探讨问题。通过这些途径，教师就可以在任何时间、任何地点、自定计划地学到任何想要学习的知识，使专业知识得到不断的更新，能力也不断地提高。

4. 有助于教师终身学习的实现

社会在飞速发展，时代在不断进步，人们只有不断地学习才能获得生存。

作为教师，更应立足于新科技、新知识的前沿，传播应用新知识。现代教育技术为教师终身学习提供了多方面的可能。在帮助学生学习的过程中不断发现自我，开发自我，超越自我，一步步成为理想的教师。

总之，教师专业发展是时代和教育发展的必然选择，教师要得到发展，就要确立教师专业发展的理念。现代教育技术是教师专业发展的核心动力，渗透在教师专业发展的各个层面。教师只有充分利用现代教育技术，才能不断地促进自身的发展，才能在信息化社会中立于不败之地。

四、教育信息化的未来发展

教育信息化的目的是实现创新人才的培养，实现教育现代化。

教育信息化的过程，不仅是一种信息机器引入教育的过程，更是一种教育思想、教育观念变革的过程。它是一种基于创新教育的思想有效地使用信息技术，实现创新人才培养的过程。

推进教育信息化，不能简单地理解为加大投入，增购设备，其核心任务是研究如何运用现代教育技术探索和构建新型的教学模式。

教育信息化为我们展示了未来教育的美好前景。但是，我们必须清醒地认识到，信息技术的应用不会自然而然地创造教育奇迹。信息技术可能促进教育革新，也可能强化传统教育，因为任何技术的社会作用都取决于它的使用者。教育技术变了，教学方法也得相应变革。教学方法的选择是由教师的教育观念所支配的。对广大教师来说，面临正在迅速到来的教育信息化浪潮，认清教育改革的大方向，更新教育观念，并且懂得如何利用信息技术来支持教育改革和促进教育发展是十分重要的。

（一）教育信息化的发展思路

在推进教育信息化的过程中，整个教育系统的各级组织机构和个人都必须确立对教育信息化的正确认识，紧紧围绕教育信息化发展的关键问题发挥各方面的积极作用。具体如下：

第一，教育信息化建设的关键是提高各级教育行政部门和学校领导的认识。

第二，教育信息化建设的重点在于学校信息化。

第三，教育信息资源的开发和利用是教育信息化建设的首要目标和长期任务。

第四，加强组织与队伍建设是推进教育信息化的基本保证。

（二）信息化建设中问题的突破

通过积极、有效地推进教育信息化，各级学校在信息化建设中应着力关注以下问题的突破：

第一，建设一支具有现代教育思想、掌握现代教育理论和现代教育技术、具有较高信息素养，在教育教学中能自如地应用现代信息技术的师资队伍。

第二，具备优化的现代化教育教学环境，不仅要有完善的校舍设备、技术装备，还要有适应信息化要求的思维模式、工作方式和学习方式。

第三，拥有符合教育教学规律、数量充足、形式多样和实用有效的各种教育教学资源。

第四，将现代信息技术广泛、充分、恰当和有效地用于教育教学中。

第五，真正实现教育思想、教育观念的现代化，培养出适应信息社会需要的具有创新精神和实践能力的高素质人才。

第二章 现代教育技术的理论基础

第一节　视听教育与传播理论

一、视听教育理论概论

19 世纪末期，科学技术的发展引发全世界各领域的巨大变革，教育领域也不例外。当时，照相技术、幻灯技术、无声电影技术等新媒体技术在教育和教学中的应用，获得了极大的效果。正是由于媒体技术的广泛运用，美国兴起了视听教学运动，这是教育发展史上一个重要时期。这一时期所形成的视听教育理论对当时的视听教学运动和当今的教育技术应用都具有重要意义，也是教育技术的重要理论基础之一。

视听教育理论指出了各种视听教学媒体在教学中的地位与作用，主要研究如何根据人类的视、听觉功能和特点来提高视听媒体在教育传播中的效果，是教育技术必须遵循的重要规律和所依据的基础理论之一。

（一）视感知的规律

1．人眼的视觉特点

（1）人眼对颜色和亮度的感知。人类对光的感知依赖于视网膜细胞。人眼的视网膜上布满了大量的感光细胞，感光细胞里含有感光物质。当光线照到视网膜上时，感光物质会发生化学变化，刺激神经细胞，由视神经传到大脑，就产生了视觉。

视网膜上的锥状细胞负责感知光度（较强光）和色彩。人类视觉系统只有三种锥状细胞，它们对辐射功率相同而波长不同的光的敏感程度不同。波长越短，人眼中的光学介质对光波的吸收作用越强；而波长越长，人眼感光细胞对光波的敏感性越差。人眼可感知的可见光波长范围约为 380nm～780nm，其中对绿色光的敏感度最高。也就是说，人眼对各种颜色光的敏感度是不同的，比如相同能量的红光和绿光，后者在人眼中引起的视觉强度要比前者大得多。实际上人们看到的大多数光不是一种波长的光，而是由许多不同波长的光组合而成的。

视网膜上的杆状细胞只能感知光度，不能感知颜色，但其对光的敏感度是锥状细胞的一万倍。在微弱光环境下杆状细胞起主要作用，因此，人们不能在暗环境中分辨颜色，一些数码相机的夜光拍摄模式就模拟了这一特性。

（2）人眼的分辨力。人眼的分辨力是指眼睛的空间分辨能力，即视力，通常用人眼刚能分辨出被观察物体上相邻两点至人眼所张视角的倒数来表征。当人观察一个静止影像时，眼球不会静止在一处（精神病人除外），通常停留几百毫秒完成取像后即移到别处取像，如此持续不断。人体工程学的研究发现，人的两只眼睛的视野范围并不是正方形的，而是一个长宽比为 16∶9 的长方形。所以，为了让画面更加符合人眼的视觉比例，现在的电视机和计算机显示屏大部分都做成了长宽比为 16∶9 的长方形。

观察静止或运动物体时人眼的分辨力是不同的，运动速度越高，分辨力越低。电视技术就是根据这一特性来决定扫描行数的。人眼对彩色细节的分辨力也远比对高亮度细节的分辨力低。因此，彩色电视系统在传送视频图像信号时，细节部分不传送彩色信息，而只传送黑白信息，即用它的亮度信息来代替，从而节省传输通道的频带。教学中应尽量在黑板上书写白字或在白板上书写黑字，以提高字体的清晰度，便于学生辨认学习。

（3）人眼对时间的感知。人眼的主观亮度感觉是实际亮度出现后近似按指数规律上升的；当亮度突然消失或变化时，人眼的亮度感觉并不立即消失，而是近似按指数规律下降，保留短暂时间。人眼的亮度感觉总是滞后于实际亮度的这种特性称为视觉惰性。人眼视觉惰性的残留时间一般约为 0.1 秒。由于残留时间有一定限度，当作用于人眼的光脉冲重复频率不够高时，人眼能分辨出有光和无光的亮度差别，就会产生或明或暗的感觉，这种现象称为闪烁效应。但是若将光脉冲重复频率增加到某临界值时，闪烁现象即消失，而给人以稳定的亮度感觉。

有很多电子产品设计利用了这一现象，如 LED 数码管的动态扫描、LED 旋转字幕等。电影是由一幅一幅画面组成的，每幅画面内容的相对位置都有些变动，由于人眼的视觉惰性，当这些画面以每秒 24 帧的速度快速地连续出现时，就得到了连续的活动景象的感觉。

（4）人眼对运动的感知。观察一个运动物体，眼球会自动跟随其运动，这种现象叫作随从运动。这时眼球和物体的相对速度会降低，我们能更清晰地辨认物体。例如观看棒球比赛，尽管棒球的运动速度很快，但是由于随从运动，我们仍然能够看到球的大概样子（会有运动模糊）。如果让眼睛跟着风扇转动方向转动，就会发现对扇叶细节看得较清楚。眼球随从运动的最大速度为 4~5 度/秒，因而人类不可能看清楚一颗飞行的子弹。正因为有这些视觉特性，动画和电影等才成为现实。

2. 视觉心理

（1）心理趋合。心理趋合是指人们利用想象力去填充实际在画面中并没有见到的空间。这是由于知觉具有整体性，即在直接作用于感官的刺激不完备的情况下，人根据自己的知识经验，对刺激进行加工处理，使自己的知觉仍保持完备性的特性。例如，在人的视线前方和头顶上方都应留有一定的空白，这就是心理趋合反应的要求。

（2）画面均衡。画面均衡是人们对画面表现主题的一种形式感觉，是产生画面稳定感的因素。这种均衡有时仅仅是视觉感受上的，但大多数是经过人们的思考和想象所达到的一种心理上的平衡感。

均衡有对称均衡和非对称均衡两种形式。其中，对称均衡的画面主题居中、稳定感强，给人的视觉感受是自然、安定、均匀、协调、整齐、典雅、庄重的朴素美感，符合人们的视觉习惯。但是由于缺少变化，运用得不恰当则会给人一种呆板、单调的感觉。对称均衡又可分为水平均衡、垂直均衡和辐射性均衡。

非对称均衡，则是指两个不同的物体拥有相同的视觉重量或者视觉吸引力，而恰恰由于两边是不对称的，从而作为视觉结果是平衡的、动态的。因此，非对称均衡是运用人们心理上的感觉和生活中的体验，形成画面中力度和价值上的均衡，如果在教学中运用恰当，能很好地吸引学生的注意力。

（3）视觉中心。人的视线接触画面时，注意力并非平均分配，而是集中于横竖各三分之一的交叉处，这就是著名的"黄金分割率"（"井"字分割）。在"井"字分割中，眼睛对每部分的观察频率是有区别的。根据这一规律，在设计视觉材料时，应尽可能把重要内容放在画面观察频度高的部位。如果重要的内容只能安排在右下方，可以使用一定的提示手段。

另外，人们一般习惯于从左向右观察画面，把注意力停留和集中在右边的物体上，因此，构图时往往把占优势的群体安排在左边，较为容易达到均衡。

（二）听感知的规律

1. 声音的三要素

（1）响度。响度是指声音的强弱程度，即平常所讲的音量或声音的大小。电视机遥控器的音量键就是改变声音响度的。响度不仅与作用在人耳的声压或声强大小有关，也与频率有关。对微小的声音，只要响度稍有增加，人耳即可感觉到，但是当声音响度增大到某一值后，即使再有较大的增加，人耳的感觉也无明显变化。另外，对于不同频率的声音，人耳的听觉响度也不同。通常人耳可感知的声音频率范围在 20Hz~20kHz，对 20Hz~4kHz 的频率最为敏感。

（2）音调。音调是人耳对声音调子高低的主观感觉，与响度和频率有关。人耳在声音响度较小的情况下，对音调的变化不敏感，对高、低音小范围的提升或衰减很难感觉到。随着声音响度的增大，人耳对音调变化的感觉才有较大增强。音调主要取决于声音的频率，频率低的调子给人以低沉、粗犷的感觉，而频率高的调子则给人以响亮、尖刻的感觉。

（3）音色。音色是人耳对声源发声特色的感受，也称作"音品"。当两类声音响度和音调相同时，人耳仍能够从主观上进行区别。这是因为声音的音调相同，则基频相同，但其谐波成分及分布可能大相径庭。正是由于音色的不同，人们可以区分出不同人的声音。

2. 人耳的听觉效应

（1）**掩蔽效应**。所谓人耳的掩蔽效应，是指一个较弱的声音被一个较强的声音所影响的现象。掩蔽效应在生活中很常见，例如，当教室外有较大的噪声干扰时，教师授课就需要很大声，学生才能听清，这是因为外界的噪声将教师的话音掩蔽，噪声成为掩蔽声，教师的话音成了被掩蔽声。人们通过人耳的掩蔽效应，发明了隔音效果优异的耳机。用耳罩把耳朵包裹好，或用入耳式耳塞把耳朵密封好，这样音乐声就能掩蔽外界噪声，我们在路上或较为嘈杂的环境中也能踏实地欣赏音乐了。

（2）**双耳效应**。人耳对声音传播方向及距离的定位能力非常强，无论声音来自哪个方向，都能准确无误地辨别出声源的方位。人耳的这种听觉特性称为"方位感"。人的双耳位于头部的两侧，当声源偏离两耳正前方的中轴线时，从声源发出的声音到达左、右耳的距离存在差异，导致声音到达两耳的时间、相位也存在差异。这种微小的差异被人耳的听觉感知并传导给大脑，与已有的听觉经验相比较、分析，得出声音方位的判断，这就是双耳效应。

（3）**耳廓效应**。有时凭借一只耳朵也能对声音进行定位，这是由于耳廓效应的存在。人耳的轮廓结构比较复杂，当声源的声波传送到人耳时，不同频率的声波会因耳廓形状的特点而产生不同的反射。反射声进入耳道与直达声进入耳道之间会产生时间差（或相位差），这种效应称为耳廓效应。耳廓效应对声音定位能起到一定的辅助作用，特别是对频率较高的声音。

（4）**颅骨效应**。声音传入人耳有两种途径：一种是音源—空间—人耳—大脑；另一种是音源—人体颅骨—大脑。颅骨效应是指声音通过颅骨传导入人耳的现象。用手机给自己录一段话，再放出来听听会发现，这与平常说话的声音不一样。这是因为平时自己说话的声音是通过上述两种途径传播的，而听自己说话的录音时，声音是通过第一种途径传播的。

（5）鸡尾酒会效应。所谓的鸡尾酒会效应，是指自己耳朵可以选择性地聆听的功能。对于话筒拾音来说，凡是在该话筒指向性允许的范围内，所有发出的声音都会被识别，从而被录制下来，而对于人耳来说，在周围拥有多个声源的情况下，可以有选择性地聆听声音。由于鸡尾酒会效应，即使在课间嘈杂的教室内，人耳也可以自动选择性地聆听对话，进行无障碍的交流。

（6）哈斯效应。当内容相同的两个音相继到达人耳时，仅当第二个音延迟时间为35毫秒~50毫秒，人耳就会感受到有延迟音出现，即哈斯效应。而当延迟音超过50毫秒时就会产生回声，这种听觉的延迟效应是混响和立体声的心理学基础。

（三）"经验之塔"理论

视听教育理论的核心是"经验之塔"，是一种关于学习经验分类的理论模型，"经验之塔"把人类的学习经验，依照抽象程度的不同，分为三大类十个层次。

1. "经验之塔"理论的内容

人们获得的学习经验可以划分为三大类，即做的经验、观察的经验和抽象的经验，这三类经验的方法分为以下十个层次：

（1）做的经验，包括以下三个层次：

第一，直接的有目的的经验，是指直接与真实事物本身接触而获取的经验，是通过对真实事物的直接感知（看、听、尝、嗅、触、做）取得的最丰富的具体经验。

第二，设计的经验，是指通过对模型、标本等间接材料的学习获取的经验。模型、标本是人工设计、仿造的事物，大多与真实事物的大小和复杂程度有所不同，它是"真实的改编"，这种改编可以使人们更容易理解和领会真实事物。

第三，演戏的经验，对于人们无法通过直接实践取得的经验，如历史事件、意识形态、社会观念等，人们可以通过扮演某种角色，在尽可能接近真实的情况中获得经验。参与演戏与看戏是不同的，演戏可以使人们获得参与的经验，而看戏只能获得观察的经验。

以上三个层次的经验都包含学习者亲自参与的活动，在这三种方式中，学习者不仅仅是活动的旁观者，更是活动的参与者，故称为做的经验。

（2）观察的经验，包括以下五个层次：

第一，观摩示范，即学生通过看别人怎么做，从而知道一件事是怎样做成的，以后他就可以模仿着去做。

第二，见习旅行，它是指通过野外的学习旅行，看到真实事物和各种景象，从而获得经验。

第三，参观展览，它是指通过参观展览，从而获得经验。

第四，电影和电视，它是指通过观看电影和电视，从而获得经验。因为屏幕上的事物是实际事物的代表，而不是它本身，所以通过看电影和电视，得到的是替代的经验。

第五，录音、无线电、静态图像，它是指通过听觉或视觉的方式来获得经验，与电影和电视相比，抽象层次要高一些。

（3）抽象的经验，包括以下两个层次：

第一，视觉符号，视觉符号主要指图表等抽象符号，它们与现实事物已没有多少类似之处。如在地图上，用圆圈表示城市、乡镇，用线条表示公路、铁路，用曲线表示河流，等等。

第二，言语符号，言语符号包括口头语言与文字。言语符号是一种抽象化了的代表事物或观念的符号。语言是第一性的，而文字则是第二性的，文字是符号的符号。言语符号处于"塔"的顶端，抽象程度最高，但在使用时总是与"塔"中其他层次一起发挥作用。换言之，学生在自己的全部学习过程中，都在不同程度地进行抽象思维。

2. "经验之塔"理论的重点

（1）"塔"的最底层的经验最具体，学习时最容易理解，也便于记忆，越往上越抽象，越易获得概念，便于应用。各种教学活动可以依其经验的具体或抽象程度，排成一个序列。

（2）教学活动应从具体经验入手，逐步进入抽象经验。

（3）在学校教学中使用各种媒体，可以使教学活动更具体，也能为抽象概括创造条件。

（4）位于"塔"中部的那些视听教材和视听经验，比顶层的言语和视觉符号具体、形象，又能突破时间和空间的限制，弥补下层各种直接经验方式的不足。

"经验之塔"理论所阐述的是经验抽象程度的关系，符合人们认识事物由具体到抽象、由感性到理性、由个别到一般的认识规律，位于"塔"中部的广播、录音、照片、幻灯、电影、电视等介于做的经验与抽象的经验之间的视听媒体，既能为学生学习提供必要的感性材料，易于理解和记忆，又便于学生借助解说或教师的提示、概括、总结，从具体的画面上升到抽象的概念、定理，形成规律，从而促进学生的有效学习。因此，"经验之塔"理论不仅是视听教育理论的基础，也是教育技术的重要理论之一。

（四）视听教育理论的贡献

"经验之塔"是一种形象化的比拟，用来说明学习经验从直接参与到用图像代替，再到用抽象符号表示的逐步发展过程。以"经验之塔"为核心的视听教育理论对教育技术的发展发挥过重要作用，其贡献主要有以下三个方面：

第一，把学习经验分为具体经验与抽象经验，提出学习应从生动的直观形象向抽象的思维发展，符合人类认识规律，并提出教学中应用视听教材的理论依据。

第二，提出视听教材分类的理论依据，即应以其所能提供的学习经验的具体或抽象程度作为分类依据。这为后来进行的教学媒体分类及教学媒体选择的研究奠定了基础。

第三，视听教材必须与课程相结合。这一基本思想在教育技术理论研究中得到了发展与深化。

当然，视听教育理论也存在着较大局限，主要有两个方面：①视听教育理论仅重视视听教材本身的作用，忽略了视听教材的设计、开发、制作、评价以及管理等；②在关于媒体在教育过程中的作用与地位的问题上，视听教育理论把视听教材看成一种辅助教育的工具，置其于辅助物的地位。在这种"教具论"思想的指导下，视听教学对教学改革的作用是有限的。

视听教育理论在教育技术发展史上曾经发挥过重要的理论指导作用，即使到了今天，它仍然具有基本的理论作用，视听教育理论是教育技术的一个重要理论基础。

二、传播理论

传播是一种古老的社会现象，可以说有了人类就有了传播。人类最早利用实物、姿态进行传播，发明了语言和文字后，进一步扩大了传播的深度和广度。印刷术的发明和电子媒介的出现与发展使人类传播再次发生质的变化，即大众传播的兴起与繁荣。

教育技术与传播理论有着密切的关系，因为教育教学活动也是信息传播活动，也有信息传递与交流的过程，教育者、学习者、教学内容、教学媒体等要素是靠信息的交流才构成完整的教学系统。为了更加有效地传递信息，需要研究教育信息的传播规律，因此，传播理论成为教育技术的又一重要理论基础。

（一）传播的概念与类型

1. 传播的概念界定

传播是人类通过符号和媒介交流信息以期发生相应变化的社会行为，具体可从以下四个方面加以理解：

（1）传播是人类的活动。人是传播的主体和轴心，人既是信息的传播者，又是信息的接受者。其中传播者就是信息的发送者，它既可以是某一个特定的个人，也可以是某一个特定的社会集团（如某一个报社、电台、电视台等）。接受者就是信息的受传者，它可以是特定的个人或群体，也可以是不特定的公众。在传播活动中，传播者处于主导地位，整个传播过程就是传播者实现自己意志的过程，始终渗透着传播者的期望，是传播者主动影响受传者思想观念的过程。受传者作为传播的工作对象，自觉或不自觉地接受传播者的影响，但他们并不是完全被动地接受。恰恰相反，受传者具有积极的能动作用，因为他们拥有自己特殊的社会经历和个性心理，对传播者传递的信息拥有选择权，并在一定程度上反过来影响传播者。

（2）传播是信息的交流。在信息传播过程中，传播者不是简单地输出信息，还应含有复杂的双向交流；受传者也不是被动地接受信息，还应包括主动地反馈信息。信息作为传播的内容，就像没有货物即无须搬运一样，没有它就没有传播。所以，传播的过程既是人与人之间信息交流的过程，也是人与人之间相互影响、相互制约、交替作用的过程。

（3）传播离不开符号和媒介。媒介负载符号，符号负载信息。换句话说，符号就是信息的具体表现，而媒介又是符号的物化载体。没有听觉符号、视觉符号和视听符号，信息内容就无所依附，同样，没有报纸、杂志等印刷媒介和广播、电视等电子媒介以及其他物质载体，符号就无法进入人的听觉、视觉等感觉器官。因此，符号与媒介是一切传播活动赖以实现的中介。

（4）传播的目的是希望发生相应的变化。不论是传播信息还是接受信息，每一个参与活动的人，都是有意图、有目的和有自觉性动机的，而不管他是否意识到。只要人在传播中发生了相应的变化，那么至少可以说明三点：传播者送出了信息，接受者收到了信息，并且产生了传播效果。这种"相应的变化"，不仅指态度与行为的改变，还包括情报资料的获得、知识的增加、见闻的扩大、感情的沟通、精神的愉悦、情况的了解、事实的澄清等。总之，人不会无缘无故地传播信息，也不会莫名其妙地接受信息。如果不存在进入传播过程的动机和进行双向影响的机会，传受双方要想进行真正有效的信息传播是非常困难的。

2. 传播的类型划分

根据传播的方式，传播大体可分为如下四种基本类型：

（1）自我传播。自我传播又叫内向传播，它是个体对信息的加工过程，如独立思考、自言自语等。自我传播是最基本的传播活动，是其他传播活动的前提和基础。它也是人的一种思维活动，在很大程度上具有心理学的性质。在教育传播中，自我传播主要指个人自主利用媒体自学的自学传播。

自学传播是一种没有专职教师当面传授的教育传播方式，自学者自定学习目标，从四周可能的环境中寻找合适的教师替身。例如，选择自学的教材，即根据学习要求选购相应的书籍、录音带、录像带和 CAI 课件等学习材料，自定步调学习。

（2）人际传播。人际传播是指人与人之间的信息传递或感情沟通。它是一种最古老的传播方式，可以说有了人类就有了人际传播；它也是一种应用最广泛的传播方式，可以说有人群的地方就有人际传播。

根据传播媒介的不同，人际传播又可以分为两种：一种是直接传播，另一种是间接传播。直接传播就是面对面的传播，传播的主体与客体处在同一时间、同一空间，彼此能够看到。在教育传播中，直接传播主要指小组讨论、授课等。间接传播是指传受双方通过传播媒介传递信息，如书信往来、电话、电报等，传受双方不在同一时间或者不在同一空间。间接传播大大拓展了人际传播的范围，远隔千里的两个人之间，通过电话或信件，就可以交流信息，相互了解。

（3）组织传播。人类社会是由各种各样的组织构成的，组织传播是组织内部的信息传递与交流，包括组织与成员、成员与成员、组织与组织之间的信息沟通。组织传播对一个组织的生存和发展有着极为重要的意义。在教育传播中，组织传播主要指课堂多媒体教学传播。课堂多媒体教学传播是当前学校普遍采用的教育传播方式，学生的学习主要依据课本和教师的语言讲解，也就是主要通过语言和文字符号进行。这种传播方式有利于发挥教师的主导作用，教师能科学地组织教学过程，充分考虑情感因素在学生学习过程中的重要作用，使学生快速、有效地掌握知识和技能，同时，也有利于培养学生的合作精神和竞争意识。但由于过分强调整齐划一，容易忽视学生的自主性和独特性，不利于发挥学生的全部潜力，也不利于培养学生的兴趣、特长和发挥他们的个性才能。

（4）大众传播。大众传播是指特定的社会集团通过文字、电波、电影等大众传播媒介，以图像、符号等形式，向不特定的多数人表达和传递信息的过程。在教育传播中，大众传播主要指远程教学传播。这种传播是非面对面的传播活动，如函授、电视教学、网络教学等。这种传播方式随着广播、电视、录像、计算机和网络等现代通信传播和控制手段的推广而逐步得到普及。

（二）传播的过程与模式

1. 传播的过程

教育传播过程是一个由教育者借助教育媒体向受教育者传递与交换教育信息的过程。

这一过程可分为以下阶段：

（1）确定教育传播信息。教育传播过程的第一步是确定传送的教育信息，传送什么信息要依据教育目的和课程的教学目标来确定。一般来说，课程的文字教材是按照教学大纲编写的，通常都体现了要传送的教育信息。因此，在这一传播阶段，教育者要认真钻研文字教材，对每章的教学内容进行分析，将内容分解为若干个知识点，并确定对于每个知识点学习者要达到的学习水平。

（2）选择教育传播媒体。选择教育传播媒体去呈现要传送的信息，实质上就是编码的过程。信息该用何种媒体呈现或传送是一个复杂的问题，需一套理论与方法来指导。一般来说，选择教育传播媒体有三个原则：①选用的媒体能准确地呈现信息内容；②选用的媒体符合学习者的经验与知识水平，容易被其接受和理解；③选用的媒体容易获取，需付出的代价较少，却能取得较好的传播效果。依据这些原则，教育者应在分析教育信息和教育对象的基础上，首先在现有的媒体中选择合适的，其次是购置，最后才是自行设计和编制新的教育传播媒体。

（3）通道传送。通道传送是指教育传播通道通过教育媒体传送出信号，也称施教阶段。在这里首先要解决以下两个问题：

第一，信号要传递多远，多大范围。如课堂教学传播，教学对象是几十至几百人，范围是在几十至几百米；至于远距离教育传播，则要将信号传到几百甚至几千千米之外，受教育的对象可以成千上万。因此，要根据信号的传送要求，选好传送通道，保证信号的传送质量。

第二，信息内容传送的先后顺序问题。在任何课堂教学传播中，每一节课，从开始到结束，教师何时利用口语传播，何时利用幻灯媒体，何时利用电视媒体，要遵循课程的教学结构。在远距离教学传播过程中，无论用广播、电视媒体，还是寄发印刷媒体，都存在学习的先后顺序。因此，在通道传送前，教育者必须做好每一次传送的结构设计，在通道传送时，有步骤地按照教学结构方案去传送信号。通道传送应尽量减少各种干扰，确保传送信号的质量。

（4）接收与解释。在这一阶段，受教育者接收信号并将它解释为信息意义，也就是信息译码。受教育者首先通过视、听、触等感觉器官接收信号，信号对感官的刺激通过周围神经系统传至中枢神经系统，经过分析将它转换为相应的符号，然后受教育者依据自身的知识与经验，将符号解释为信息意义，并将它储存在大脑中。

（5）评价与反馈。受教育者接收信号、解释信息之后，增加了知识，提高了能力，但能否达到预定的教学目标，需要进行评价。评价的方式方法很多，如可以观察学生的行为变化，通过课堂提问、课堂作业以及阶段性考试等来评价。评价的结果是教育传播过程中一种非常重要的反馈信息。

（6）调整再传送。教育者通过将掌握的反馈信息与预定的教学目标进行比较，发现教育传播过程中的不足，然后调整教育信息、教育媒体和教育传送通道，再次进行传播。如在课堂提问时发现问题，可以及时调整传播；在课后作业、考试中发现问题，可以进行集体或个别辅导；在远距离教学的作业中发现问题，可以补发辅导资料，或者将学生集中在一处做面对面的辅导等。

2. 传播的模式

传播是一个动态的过程。深入研究传播的有效方法之一，是通过科学的抽象把传播的全过程分解为若干组成要素，然后分别研究各个组成要素在传播过程中所处的地位和作用，以及这些要素之间的相互联系和作用，并用最简要的方式描述出来，这就是传播的模式方法。模式方法是传播学最富有特点的方法之一。应用模式方法分析传播过程，产生了许多传播模式，它们集中反映了传播学理论研究的成果，是传播理论的核心部分。

以下是对教育技术学具有重要意义的传播模式：

（1）"5W"模式。"5W"模式简要阐述了传播行为包含的五个要素：谁（Who）、说什么（Says What）、通过什么渠道（In Which Channe）、向谁说（To Whom）、有什么效果（Wich What Effect）。因此，传播学研究的主要内容包括：①控制分析，研究"谁"，即对传播者和信息来源的组织背景进行研究，进而探讨传播行为的原动力；②内容分析，研究"说什么"，即对传播内容（信息）进行研究；③媒介分析，研究传播通道，即对不同传播媒体进行研究，包括对媒体性能的研究、对媒体与传播对象的关系的研究等；④对象分析，研究受传者，了解其一般的和个别的兴趣、需要等；⑤效果分析，研究传播活动对人的态度、价值观和行为等所产生的影响。

"5W"模式中的五个要素对应于教育传播中的教育者、教学内容、教学媒体、教育对象和教学效果，为理解教育传播中的基本要素提供了一个理论框架。因此，该模式对理解教育传播过程有一定的指导作用。

（2）香农-韦弗模式。香农-韦弗模式的最早版本是传播是一种单向直线式的过程，但是很快这一模式中就加入了反馈系统，并引申其含义，将通信原理运用于人与人之间的信息交流，从而对后来的传播模式产生了重大而深远的影响。香农-韦弗模式把传播过程解释为：从信源中选择准备发射出去的信息，这一信息经过发射器的编码转换为信号，信号通过一定的传递通道传送出去，在接收端由接收器接收信号，并将其转变为信息，最后由信宿（接受者）接受利用。接受者在收到信息后，必然会产生某种反应，并通过各种形式反馈给传播者。另外，在传播过程中还存在干扰信号（来自信道的噪声）。

（3）贝罗模式。贝罗模式以哲学、心理学、语言学、人类学、大众传播学、行为科学等学科的新理论为依据，阐述人类传播活动过程中的各种不同要素。这一模式把传播过程分解为四个基本要素：信源、信息、通道和受传者。贝罗模式以其简单、易懂、易记、用途广泛等特点而深受欢迎。

实际上贝罗模式主张把传播作为一个过程来进行研究。具体如下：

第一，信源和编码者。研究信源和编码者，需要考虑传播者的传播技巧、态度、知识水平、所处的社会系统及文化背景等。传播技巧：信源与编码者传播信息，必须讲究传播的方式，才能保持信息本身的真实性和趣味性。传播技巧包括语言（如语言的清晰度和说话的技巧）、文字（如写作的技巧）、思想（如思维周密）、手势（如动作自然）及表情（如逼真）等。态度：传播者对传播的主题的喜爱程度，明确的传播目的，对接受者的了解程度。知识水平：传播者对传播内容的了解程度，传播者知识水平。社会系统：传播者在社会中的地位、影响与威信。文化背景：传播者的学历、经历等。

第二，接受者与译码者。信源、编码者与接受者、译码者，虽然处于传播过程的两端，但是在传播过程中，信源（传播者）可以变为接受者，接受者也可以变为传播者（信源）。所以影响接受者、译码者的因素与信源、编码者相同，也是传播技术、态度、知识水平、社会系统与文化背景诸项。

第三，信息。影响信息的因素有三项：①符号，传播过程中采用的符号，包括语言、文字、图像与音乐等；②内容，传播者为达到传播目的而选取的材料，它包括信息的成分及信息的结构；③处理，传播者对信息选择及符号安排所做的各种决定。

第四，通道。通道就是传播信息的各种手段和工具，包括视觉媒体、听觉媒体、触觉媒体、嗅觉媒体、味觉媒体，如书籍、报纸、杂志、广播、电影、电视、电话、唱片、图画、图表等，以及人的各种感觉器官。在传播过程中，信息的内容、符号及处理，均能影响通道的选择。比如，信息语言的传送，信息视觉方式的传送，信息触觉、嗅觉或味觉方式的传送。总之，通道的选择会影响信息的传送与接收效果。

在教育传播过程中，影响和决定教学信息传递的效率和效果的因素是多方面的、复杂的，各因素之间既相互联系又相互制约，因此，要提高教育传播的效果，必须综合研究和考察各方面的因素。

（三）传播的信息与符号

1. 传播的信息

信息是当今使用频率极高的词汇之一，来源于拉丁文，原意是解释、陈述。对教育信息的理解可以从两个方面的认识：从广义的角度分析，教育信息包括与传递教育内容有关的其他所有信息，如教育管理信息（上课铃声、学校规章制度等）、评价性信息（学习成绩、教学评估等）、干扰信息（电视图像抖动、教师语速过快等）等；从狭义的角度考虑，教育信息主要指教育内容，如知识、技能、思想、观念等。从教育传播学的研究范畴来看，对教育信息的研究主要侧重于前者。

（1）教育信息的来源。在教育传播中，教育信息的来源主要有教师、客观事物和教学媒体。教师负载着前人已获得的知识，他通过教学活动把这些教育信息有目的、有计划地传输给学生。学生还可以通过实践、实验、参观、观摩等学习方式，从大自然和社会生活中获取知识。教学媒体是指载有事物信息的物质载体，而不是事物本身，如教科书、模型、挂图以及附有声音、动画等的录音带、VCD、计算机软件等，它是教育信息的重要来源之一。

（2）机器媒体的利用。人类利用自身器官感知客观事物获取信息的能力是有限的，开发与利用人工媒体特别是机器媒体，帮助人们去感知、接收信息，甚至帮助人脑进行信息的加工处理，是现代科学研究和社会生产的需要，也是实现教育现代化的关键。

首先，利用机器媒体记录与重现声像信息。随着科技的发展，人们已研制出了一系列具有声像记录和重放功能的机器媒体。如具有声音记录与重放功能的机器有录音机、激光唱机、MP3录放机等，具有声像记录与重放功能的机器有电视、多媒体计算机等。这一系列设备以及按教学特点开发的多媒体综合教室、语言实验室、微型教学系统、卫星广播电视系统等，对提高教学质量和教学效率起到了重大作用。

其次，利用机器媒体远距离传送声像信息。人的感官只能感知、接受有限距离内事物的刺激与信息，教师的口头讲授只能让教室内几十位学生听清楚，但机器媒体能让信息传得既广又远。电话可以把语音传到千里乃至万里之外，卫星电视能把声像信息传到世界上卫星可以覆盖的所有地区，互联网的开通使信息迅速传遍全球成为可能。机器媒体的这些特性，为扩大教育规模、开展远程教育提供了有利条件。近年来，以网络技术为核心的远程教育的发展规模和水平，已成为衡量一个国家教育现代化水平的重要指标之一。

最后，利用机器媒体进行事物特性的数量化显示和定量化研究。像测试仪器、仪表这类机器媒体，可以将事物的重要属性经过处理后用数量、曲线表示出来，使我们能更加科学和准确地认识事物的运动状态和规律。随着教育现代化进程的不断推进，学校对各种高精密度、高准确度教学仪器、设备的要求在不断提高。学校利用这些仪器、设备的水平不仅是教育现代化的标志，也代表了学校在科学研究方面的水平。

（3）信息技术教育资源的开发和利用。信息技术教育资源是教育信息资源的一部分，主要指信息技术环境下的教育信息资源，包括经过数字化处理，可以在多媒体计算机中或网络环境下运行的多媒体材料、教学支持系统软件和资源管理软件。该类信息资源具有多样性、便捷性、共享性、时效性、交互性、广泛性、创造性等特点，是现代教育教学过程中极具利用价值的资源。

2. 传播的符号

从传播学角度出发，符号被界定为人类传播活动的要素，符号代表事物，它能脱离参加传播活动的双方而独立存在。符号是负载或传递信息的基元，表现为有意义的代码及代码系统，如声音、图形、姿态、表情等。

（1）语言符号。语言是人类社会特有的一种信息符号系统，是以语音和字形为物质外壳，以词汇为建筑材料，以语法为结构规律的符号系统，是人们用来进行传播和思维活动的有效工具。

在教育传播中运用语言应注意以下原则：

第一，有明确的教育教学目的。教学语言必须要为准确传达教育教学信息，实现教学目的服务，不能偏离特定的教学目标，也不能片面追求教学语言的形式。例如，当教学语言主要用来传达科学知识时，就要尽量选用科学的词语，选用能够精确、简洁、明白地表达学科知识的修辞方式，而不要有太多的感情色彩或反语、双关、夸张等修辞手法，尽量让学生一听或一看便知，而不需要进行猜测或产生不必要的误解。

第二，有针对性。教育传播的对象具有不同的个性特征，如年龄、文化层次、社会背景等，因此，在使用语言时应考虑选择与传播对象的个性特征相吻合的语言抽象层次范围。比如，教科书的语言不仅要科学、准确，在篇幅、难易程度等方面还要符合教学对象的认知水平。

第三，有适当的强化。对一些重要的信息，需要引起学生的重视或需要其牢牢记住的，则需要采用适当多次重复的方法去反复强调它，也可以利用身体语言或其他传播媒体的辅助来强化它，比如，在文字的表达中配以形象的插图等。强化的方法和手段可以多样，但必须适度，否则适得其反。

第四，进行不断的调整。使用语言的目的在于意义的沟通。教师与学生只有在不断调整与适应对方的过程中才可能做到意义的沟通。教师需要根据学生的反馈不断地调整所运用的语言，使其能适合学生的经验范围，这是使教育传播活动能持续下去并最终达到教育目的的重要原则之一。

第五，有整体性。一段支离破碎、断断续续的语言是无法准确表达传播者的意图的，因此，教师必须考虑语言运用的逻辑性问题，要从整体意义上考虑而不仅仅是考虑每句话的意思。学生在理解上也要有整体意识，不能断章取义。语言本身存在的局限性，更要求师生双方能多从语言的整体性方面考虑对方的传播意图。

（2）非语言符号。非语言符号是指语言符号以外的，在信息交流活动中能够发挥作用的其他符号形式，包括手势、姿态动作、表情以及身体接触等。在人际传播活动中，人们所得到的信息总量中，只有35%是语言符号传播的，而其余65%是非语言符号传达的。可见，非语言符号在成功的信息传播中占有很大的分量。

非语言符号在教育传播中占有重要的地位和作用。如教育传播环境中的校园建筑、校园绿化、教室布置、学术气氛、校风班风、家庭关系、社会生活、法律道德等，传统教材中所使用的标本、模型、插图、挂图与演示实验等，电子教材中所使用的运动的画面、静态的图像、图标、配乐、色彩等。

除此之外，教育传播中教师所使用的非语言符号是教师与学生进行信息交流的特殊手段，不仅影响着教育传播的效果，而且影响着学生的智力和心灵。

教师的非语言符号主要有以下五种：

第一，教师的外貌与衣着。人的外貌和衣着不同，所传播的信息就不同，所产生的影响也有差异。教师应对外貌和衣着有正确的判断和认识，因为只有恰到好处的外貌和衣着，才有助于信息有效而准确地传播，过分迷人的或过分丑陋的外貌和不恰当的衣着会影响信息的传播。

第二，教师的表情和眼神。一个表情严肃、不苟言笑的教师会使学生望而生畏，敬而远之。反之，一个面容和蔼、态度轻松的教师，就会使学生感到可敬可亲，让师生之间亲密无间、无拘无束，课堂气氛也会因此轻松活泼。眼神是一种无声的语言，能帮助师生交流、传递信息。

第三，教师的姿态动作。研究发现，人体能够发出多达70万个不同的信号。姿态动作总是有意无意地"泄露"人们内心的秘密和蕴藏的信息。如教师在讲解"大"字的含义时，伸直双臂、叉开两腿呈大字状；讲到自由落体的高度时，手快速地从上向下挥等。

第四，教师的触摸行为。触摸行为能传递各种不同的信息。触摸能够传递五种不同的情绪：漠不关心、母亲般的照顾、害怕、生气和闹着玩。在教育传播中，学生失落时教师给予的拥抱，或是学生答对问题时教师给予的抚摸，都有助于建立良好的师生感情。

第五，教师的空间与距离非语言符号。教师对空间与距离非语言符号的把握对师生关系有明显的影响。例如，整堂课都站在讲台上的老师和经常走到学生中间的老师给学生留下的印象是不同的。再如，教室中传统的直排座位使后排学生看到的是前排学生的后背，造成了一种无法交流的空间距离。

（四）传播媒体

1. 媒体的定义

媒体是载有信息的物体。没有承载信息的物体，如一张白纸、一张没有写字的胶片，或一盒空白录音带、录像带，就不能说是媒体，而只能说是书写、印刷或录制用的材料。媒体的构成要素有以下三个：

（1）物质。物质实体是传播媒体得以存在的首要因素，是精神内容的依附。

（2）符号。符号是构成媒体的第二要素，一般物质只有负载、刻画特定的文字、图像、声音等人类能够识别的符号，才区别于普通物质。符号是传播媒体与普通物质实体相区别的标志。

（3）信息（意义）。传播信息是媒体的基本功能和唯一使命，任何有序的、完整的符号都蕴涵着信息。此外，信息也是传播者与受传者发生关系的理由和前提。

教学媒体是以传递教学信息为最终目的的媒体。教学媒体对教学效果的影响至关重要。它不仅给教学提供具体的经验，使抽象的语言、文字、符号等的意义明确，使抽象事物的概念更清楚，也能扩大学生经验的范围，使学生思维活跃，同时还能激发学生的学习热情，培养学生对所学内容的积极态度，以此优化教育教学的过程。

2. 媒体的类型

（1）书写媒体。书写媒体是指由自然物简单加工而成的负载文字与图像的物质实体。最原始的书写媒体与图画同生，与文字共进，与人类智能共演。人工制作的书写媒体经历了由重到轻、由粗到细、由硬到软的演变，往往是由自然物简单加工而成。纸的出现将书写媒体推向顶峰，为印刷媒体的来临铺平道路。

（2）印刷媒体。印刷媒体指的是将文字、图画等做成版，涂上油墨，印在薄页上形成的报纸、杂志、书籍等物质实体。作为人类传播的主要工具，它借助机器设备可以迅速大量地印制生产，读者可以自由地决定阅读的时间、地点、速度和方式，也可以长期保存，随时取阅，反复研读。

（3）广播媒体。广播媒体是对印刷媒体的超越，是跨国传播的先行军，其传播几乎不受时空限制，传播速度瞬息万里，受众遍布各个角落。

（4）影视媒体。电影与电视都是传播带有声音的移动图像的大众媒体。它们声像兼备、视听兼顾，具有双通道视听优势和现场参与感。画面，既是影视媒体的表征，也是人类相互沟通、交流的"世界语"，人们一看就懂，一瞥即知，无须翻译，不用解释。影视节目有很强的穿透力和影响力，尤其能产生一种独特的潜移默化的传播效果。

在教育传播中，通常按媒体作用的感官和信息的流向对教学媒体进行分类，可分为视觉媒体、听觉媒体、视听媒体、交互媒体、综合媒体等类型。这种分类方法从教学内容出发，准确地揭示了教学媒体的信息表现能力与特点。根据这一分类的结果，教师可以有目的地选择教学媒体来展示教学内容。

第二节　学习理论与教学理论

一、学习理论

学习理论是揭示人类学习活动的本质和规律，解释和说明学习过程的心理机制，指导人类学习，特别是指导学生学习和教师课堂教学的心理学原理或学说。

学习理论要说明学习是怎样发生的，以及为什么有的学习有效，有的学习无效，即解释"为什么"要这样学习。在学习理论的发展过程中，由于研究者研究角度、哲学观、学术视野和研究方法的不同，形成了不同的学习理论流派。

目前受到广泛关注的学习理论主要有行为主义学习理论、认知主义学习理论、社会学习理论、建构主义学习理论和人本主义学习理论。

(一) 行为主义学习理论

1. 行为主义学习理论的基本观点

行为主义学习理论关注的是环境在个体学习中的重要性，可以用"刺激—反应—强化"来概括，认为学习的起因在于对外部刺激的反应。行为主义学习理论把学习者当作一个"黑箱"，认为学习是一种可以观察到的行为变化；把观察分析的重点放在行为变化上，关心的是如何获得令人满意的输出，而输出是输入刺激的一种反应。

根据这种观点，人类的学习过程可归结为接受外界刺激的过程。教师的任务只是向学生传授知识，安排刺激，观察学生的反应，对令人满意的反应予以加强，对令人不满意的反应予以补救或否定，以此来纠正其反应；学生的任务则是作出反应，接受和消化知识。

在实际的教育过程中，我们很容易找到行为主义学习理论的应用，比如，教师为了让其他学生认真听讲，而表扬一些认真听讲的学生，从而激励认真听讲的学生继续保持，使那些不认真听讲的学生为了得到教师的认可而表现得好起来。

2. 斯金纳的操作学习理论

在教育技术领域，美国心理学家斯金纳①是备受推崇的学习理论先驱之一。斯金纳认为，"学习"是反应概率的变化；"理论"是对所观察到的事实的解释；"学习理论"所要做的是指出引起反应概率变化的条件。所以，研究学习行为的目的，是要形成一种分析各种环境刺激的功能的方法，以决定和预测有机体的学习行为。

通过对行为的研究，可以获得对各种环境刺激的功能进行分析的方法，从而可以影响和预测有机体（包括人和动物）的行为。斯金纳创立了操作性条件反射学说和强化理论，并把它们应用于人类学习的研究，提出了程序教学的概念，总结了一系列教学原则。

程序教学是一种个别化的自动教学方式，由于经常用机器来进行，也称为机器教学。程序教学对教材进行设计和编制，并按步骤循序进行。这一程序教学原理曾在计算机辅助教学及 CAI 课件制作中得到广泛运用，曾是教学软件开发的主导思想。程序教学应遵守以下原则：

（1）积极反应原则。通过教学机器或教材向学生呈现知识，使学生对一个个问题作出积极的反应。

（2）小步子原则。将教学内容按内在联系分成若干个小步子编成程序。材料逐步地呈现，步子由易到难排列，每步之间的难度通常是很小的。

（3）及时强化原则。要求在每个学生作出反应后，必须使学生立即知道其反应是否正确。告知学生结果，也就是对学生的反应给予及时强化，这是程序教学中最常用的强化方式。

（4）自定步调原则。以学习者为中心，不强求统一进度，鼓励每一个学生按自己最适宜的速度进行学习。

（5）低错误率原则。要求在教学过程中尽量使学生避免出现错误的反应，因为错误的反应会得到令人反感的刺激，过多的错误会影响学生的情绪和学习的速度。

程序教学理论指导推动了 20 世纪 50—60 年代风行美国乃至其他许多国家的程序教学运动，不仅促进了学习理论的科学化，加速了心理学和教育学的有机结合，推动了教学手段的科学化和现代化，而且重新激起了人们对个别化教学研究的兴趣，使个别化教学在中断多年后又重新活跃起来。

---

① 斯金纳（B. F. Skinner, 1904-1990），美国行为主义心理学家，新行为主义的代表人物，操作性条件反射理论的奠基者。他创制了研究动物学习活动的仪器——斯金纳箱。

（二）认知主义学习理论

认知心理学家探讨学习的角度与行为主义者相反。他们认为，是个体作用于环境，而不是环境引起人的行为。环境只是提供潜在的刺激，至于这些刺激是否受到注意或被加工，取决于学习者内部的心理结构。潜在的环境刺激在任何时候都是无法计数的，为什么有的起作用，有的被忽视，原因在于个体是根据自己内部的心理结构对其加以选择的，目的是为了赋予经验以意义。个体在以这种方式与环境相互作用的过程中，也不断地修正自己内部的心理结构，从而影响未来与环境的相互作用。可见，认知主义学习理论要研究的是个体处理环境刺激时的内部过程，而不是外显的刺激与反应。

1. 认知主义学习理论的基本观点

人的认识不是由外界刺激直接给予的，而是外界刺激和认知主体内部的心理过程相互作用的结果。因此，学习过程被解释为每个人根据自己的态度、需要和兴趣，利用过去的知识与经验对当前工作的外界刺激（如教学内容）做出的主动的、有选择的信息加工过程。教师的任务不是简单地向学生灌输知识，而是首先激发学生的学习兴趣和学习动机，然后将当前的教学内容与学生原有的认知结构有机地联系起来；学生不再是外界刺激的被动接受器，而是主动地对外界刺激提供的信息进行选择性加工的主体。

认知主义学习理论强调认知结构和内部心理表象，即学习的内部因素，这与行为主义学习理论只关注学习者的外显行为，无视其内部心理过程有很大的不同。认知主义学习理论突破了行为主义仅从外部环境考察人的学习的思维模式，从人的内部过程即中间变量入手，从理性的角度对感觉、知觉、表象和思维等认知环节进行研究，把思维归结为问题解决，从而找到了一条研究人的高级学习活动的途径，抓住了人的思维活动的本质特征。

2. 认知主义学习理论对教育技术的启示

认知主义学习理论广泛应用于教学软件的开发。比如，人们在设计和开发 CAI 软件（物理化学实验软件）时，可以在 CAI 课件的开始部分，利用能体现教学内容且具有感染力的图形序列（或图像）、动画、视频、音频等形式，唤起学生的注意；可以在学习开始时，告诉学生学习目标，从而激起学生对学习的期望；也可以通过测试，刺激学生回忆以前的学习，以便把已有的知识与将要学习的新知识结合起来，然后向学生呈现教学信息并不断地提供学习指导，以促进其学习。许多 CAI 软件还利用多媒体技术和多种手段，提供有利于学习迁移的实例和情境，让学生去求解、探索，这不仅有利于学习的迁移，对于发展学生的认知策略也是不可缺少的。

（三）社会学习理论

阿尔伯特·班杜拉①是美国当代著名的心理学家，现代社会学习理论和社会认知理论的奠基人。他受过严格的行为主义训练，但不满于极端行为主义的观点，他吸取了认知学习理论的观点，形成了一种认知—行为主义模式。在他看来，学习是一种既符合信息加工理论，也符合强化理论的过程，而且他重视对社会学习的研究，形成了很有特色的社会学习理论。

1. 社会学习理论的三元取向

许多心理学家提出了各种理论来解释人类的行为，这些理论或者是研究环境刺激与有机体反应的关系（如行为主义理论），或者是研究有机体行为的内部动因是什么（如人本主义理论）。班杜拉认为，这些理论都是以单向决定论为特征的。环境决定论与个人决定论就是两个极端的例子。环境决定论者认为，行为是由环境刺激引起的；个人决定论者认为，本能、驱力和特质等内部事件，驱使有机体按照某些固定的方式行事，换言之，环境取决于个体如何对其发生作用。

但是，有许多行为并非由环境刺激或内在素质单向引发。我们可以看到许多延迟匹配的现象，也就是说，观察者在看到一个榜样的示范动作后，可能会过几天甚至更长的时间才表现出来，而且往往并不是因为有某种直接的强化才表现出这种行为的。这些都无法用个体与环境的简单对应关系来解释。

社会学习理论把行为 B（个体行动、选择和言语描述）、个体 P（信念、期望、态度、知识）和环境 E（资源、行为、结果、他人）看作一个相互影响的联结在一起的系统②，在这个系统中，行为、个体和环境三个因素相互关联，都是"你中有我，我中有你"的。这种观点被称为交互决定论。

2. 学习来自观察与模仿

根据社会学习理论的观点，人类的大多数行为是通过榜样作用习得的：个体通过观察他人行为，会形成怎样从事某些新行为的观念，并且用这种编码信息指导以后的行动。因此，观察者获得的实质上是榜样活动的符号表征，并以此作为以后适当行为表现的指南。观察学习是受注意、保持、动作再现以及动机等心理过程支配的。

（1）注意过程。除非人们注意并精确地感知榜样行为的明显特征，否则是无法学到这

---

① 阿尔伯特·班杜拉是新行为主义的主要代表人物之一，社会学习理论的创始人。

② 勒温的著名公式 B=f（P×E）. Behavion（行为）. Personality（个性；人格）. Environment（环境）

种行为的。注意过程决定了个体在受到众多榜样作用的影响时，有选择地观察哪些方面。注意过程受多种因素影响，如观察者的特征、榜样活动本身的特点以及人际互动的安排等。

（2）保持过程。保持过程是要记住所观察到的榜样行为。观察者是以符号的形式把这种行为贮存在长时记忆中的。保持过程主要依赖于两种表征系统：映像表征系统和语言表征系统。映像表征是指以映像方式来保持行为。对于儿童来说，视觉映像在观察学习中是非常重要的。语言表征是指用言语编码来保持行为。支配行为的大多数认知过程是语言。

（3）动作再现过程。动作再现过程是把符号表征转变成适当的行动。为了便于分析，这一过程可以分解成四个阶段：对反应的认知组织、反应的发起、对反应的监控以及根据反馈信息的矫正反应。在大多数日常学习中，人们通常是通过榜样作用大致掌握新的行为，然后根据反馈信息进行自我矫正，最后逐渐熟练掌握这种技能。但由于受到体能、技巧或其他方面的影响，有些动作不能很好地或完整地再现。

（4）动机过程。通常人们并不会实施他们学到的每个行为。首先，如果榜样行为产生了有价值的结果，人们便倾向于实施这种行为。这是一种外部强化。其次，观察到的榜样行为的结果，与自己直接体验到的结果，是以同样方式影响榜样行为的表现的，即学习者的行为表现是受替代强化影响的。通常，看到他人获得积极效果的那些行为，比看到他人受到消极后果的那些行为，更容易表现出来。最后，行为的再现受到人们自我评价的影响。人们倾向于作出感到自我满足的反应，拒绝做出自己不赞成的行为，这是一种自我强化。

3. 对社会学习理论的评价

班杜拉的社会学习理论有别于直接的、机械的行为模仿学习。其自我效能感、自我强化的思想强调了主体认知因素的重要性，充分反映了人的主观能动性，这对学生学会自我控制、自主学习非常重要。

培养学生的自律行为是教育的主要目的之一，传统教育教学生自律都是从他律到自律，再到自治。班杜拉并不赞成经由外控以养成学生自律的观念，他认为自律行为也可以通过观察模仿养成，尤其是通过自我观察、自我评价与自我强化形成。显然，自我强化是形成学生自律行为的重要方面。

(四) 建构主义学习理论

建构主义又译为结构主义，是认知心理学的进一步发展。建构主义理论最早是由瑞士心理学家皮亚杰①提出的，其后许多心理学家对它做了进一步的研究和完善。因为当今的多媒体计算机和基于因特网的网络通信技术所具有的多种特性特别适合于建立建构主义学习环境，所以建构主义学习理论受到了人们的重视，其影响越来越大。

1. 皮亚杰关于建构主义的基本观点

皮亚杰理论体系中的一个核心概念是图式。图式是指个体对世界的知觉、理解和思考的方式。图式的形成和变化是认知发展的实质。皮亚杰认为，认知发展是受三个基本过程影响的：同化、顺化和平衡。

同化是指个体对刺激输入的过滤或改变的过程。换言之，个体在感受到刺激时，把它们纳入头脑中原有的图式之内，使其成为自身的一部分，就像消化系统将营养物吸收一样。

顺化是指有机体调节自己内部结构以适应特定刺激情境的过程。顺化是伴随同化而行的。当个体遇到不能用原有图式来同化的新刺激时，便要对原有图式加以修改或重建，以适应环境，这就是顺化的过程。可见，同化主要是指个体对环境的作用，顺化主要是指环境对个体的作用。

平衡是指个体通过自我调节机制使认知发展从一种平衡状态向另一种较高的平衡状态过渡的过程。

个体的认知图式是通过同化和顺化而不断发展以适应新的环境的。一般来说，每当遇到新的刺激，个体总是试图用原有图式去同化，如获得成功，便得到暂时的平衡。如果用原有图式无法同化新的刺激，个体便会做出顺化，即调节原有图式或重建新图式，直至达到认识上的新的平衡。同化与顺化之间的平衡过程，也就是认识上的适应，是人类智慧的实质所在。需要说明的是，平衡状态不是绝对静止的，一种较低水平的平衡状态，通过个体与环境相互作用，就会过渡到一种较高水平的平衡状态。平衡的这种连续不断的发展，就是整个认知发展的过程。

2. 建构主义学习理论的四要素

学习是在一定的情境即社会文化背景下，借助其他人的帮助，即通过人际间的协作活动而实现的意义建构过程。情境创设、协作会话、信息资源提供，是建构主义要求学习环境所要具备的基本属性或要素。因此，建构主义学习理论认为情境、协作、会话和意义建

---

① 皮亚杰，日内瓦学派创始人，瑞士儿童心理学家、发生认识论的开创者，被誉为心理学史上的一位"巨人"。他的认知发展理论成为了儿童心理学的典范。皮亚杰对心理学最重要的贡献，是他把弗洛伊德的那种随意、缺乏系统性的临床观察，变得更为科学化和系统化，使日后的临床心理学有了长足发展。

构是学习环境中的四大要素或四大属性。多媒体和网络技术的普及为建构主义学习提供了理想的学习环境。

（1）情境。学习环境中的情境必须有利于学生对所学内容的意义建构。这就对教学设计提出了新的要求，换言之，在建构主义学习环境下，教学设计不仅要考虑教学目标分析，还要考虑有利于学生建构意义的情境创设问题，并把情境创设看作教学设计的重要内容之一。

（2）协作。协作发生在学习过程的始终。协作对学习资料的搜集与分析、假设的提出与验证、学习成果的评价直至意义的最终建构均有重要作用。

（3）会话。会话是协作过程中不可缺少的环节。学习小组成员之间必须通过会话商讨如何完成规定的学习任务。此外，协作学习过程也是会话过程，在此过程中，每个学习者的思维成果（智慧）为整个学习群体所共享，因此，会话是达到意义建构的重要手段之一。

（4）意义建构。这是整个学习过程的最终目标。所要建构的意义是指事物的性质、规律以及事物之间的内在联系。在学习过程中帮助学生建构意义就是要帮助学生对当前学习内容所反映的事物的性质、规律以及该事物与其他事物之间的内在联系有较深刻的理解。这种理解在大脑中的长期存储形式就是前面提到的图式，也就是关于当前所学内容的认知结构。

（五）人本主义学习理论

人本主义心理学是 20 世纪 50—60 年代在美国兴起的一种心理学思潮，人本主义的学习与教学观深刻地影响了世界范围内的教育改革。人本主义学习理论的主要代表人物有马斯洛[1]和罗杰斯[2]。

人本主义心理学家认为，要理解人的行为，应从行为者的角度来看待事物。在了解人的行为时，重要的不是外部事实，而是事实对行为者的意义。如果要改变一个人的行为，首先必须改变他的信念和知觉，当他看问题的方式改变了，他的行为也就不同了。也就是说，人本主义心理学家试图从行为者，而不是从观察者的角度来解释和理解行为。

1. 人本主义学习理论的基本观点

人本主义学习理论提倡真正的学习应以"人的整体性"为核心，强调"以学生为中

---

[1] 亚伯拉罕·马斯洛，美国著名社会心理学家。提出了马斯洛需求层次理论，代表作品有《动机和人格》《存在心理学探索》《人性能达到的境界》。

[2] 罗杰斯，美国心理学家，人本主义心理学的主要代表人物之一。从事心理咨询和治疗的实践与研究，并因"以当事人为中心"的心理治疗方法而驰名。

心"的教育原则，学习的本质是促进学生成为全面发展的人。他关心学生的自尊和成长，认为学生是教学活动中的焦点，应自主地选择学习课程、方式和时间。教师被看作促进者，应具有高度的责任感。教师要创建合适的氛围，帮助学生成为全面发展的人。学校在社会中扮演着重要的角色。人本主义学习理论把学生的创造和自我实现放在了很高的位置上，教育的目标就是帮助学生满足"自我实现"的需要。

2. 罗杰斯的学习观

学习被分为两类，它们分别处于意义连续体的两端。

一类学习类似于心理学上的无意义音节的学习。无意义音节不容易学习，而且容易遗忘。学生在课堂上学习的许多内容也具有这种无意义的性质。这类学习只涉及心智，是一种"在颈部以上发生的学习"，它不涉及感情或个人意义，与完整的人无关。

另一类是意义学习。所谓意义学习是指一种使个体的行为、态度、个性以及未来的行动方针发生重大变化的学习。这不仅是一种增长知识的学习，而且是一种与每个人各部分经验都融合在一起的学习。

意义学习主要包括四个要素：①学习具有个人参与的性质，即整个人（包括情感和认知两个方面）都投入学习活动；②学习是自我发起的，即便推动力或刺激来自外界，要求发现、获得、掌握和领会的感觉也是来自内部的；③学习是渗透性的，也就是说，它会使学生的行为、态度，乃至个性都会发生变化；④学习是由学生自我评价的，因为学生最清楚这种学习是否满足自己的需要，是否有助于认识自己想要知道的东西，是否让自己明了原来不清楚的某些方面。

除了以上几种学习理论外，还有很多学习理论对当前教育技术的理论和实践有重要的影响，如认知灵活性理论、分布式认知理论、情境学习理论等。

（六）学习科学的研究成果

学习科学是一门主要由生物科学、认知科学和教育科学交叉而形成的前沿学科，旨在建立心智、脑和教育之间的桥梁，将生物科学、认知科学的最新成果，包括认知神经科学、情感神经科学、基因科学等，应用于教育和学习过程，给学习、教育以及政策制定提供科学的指导，以迎接教育的重大变革。过去十多年来，研究者运用新兴的脑成像技术，取得了重要的研究成果与突破性进展，其研究成果的数量超过了以往的总和。这些研究成果将对学习与教育产生深远的影响。就目前来说，学习科学的研究主要有以下四种取向：

1. 认知神经科学取向

作为学习的生理基础，大脑的工作机制和思维过程与行为彼此互动，大脑、思维和行为构成的动态统一，是学习科学领域的学者非常关注的脑科学研究。秉持认知神经科学取向的专家主要关注语言、记忆、思维、情绪情感与社会行为等人脑高级功能的机制研究。其中，最引人瞩目的是从视觉感知与再认、语言与视觉学习、空间智能、语音与语言、认知—情感交互、记忆、概念与规则形成等方面研究大脑的学习机制。此领域不仅探究人类学习的各种行为以及大脑的基本工作机制，而且结合系统科学领域与教育学领域，以对学习过程的认知为基础，开发新的、量化的学习算法，旨在将脑科学研究成果合理应用在教育领域中，进而为理解人的学习和改革传统教学提供重要依据。

2. 技术取向

通过技术改善人类学习绩效，是学习科学领域研究人员的又一个关注点。信息技术的发展及普及，改变着人们的工作方式、生活方式和学习方式。人工智能和虚拟现实等信息技术的发展，从技术层面上可以为学习的研究和实践提供先进的设备和丰富的研究环境。技术对学习的促进主要体现在技术可以创建或模拟具有丰富情景的真实学习环境，提供适当的认知和交流技术，以促进个体和群体的认知发展。技术促进学习的研究不仅包括多种技术环境下各种学习形式的研究，还涉及各种新技术的学习应用研究，以及如何设计和评价新的学习技术与学习环境，以巩固和加强人类的学习与互动。其中，基于计算机的合作学习、基于案例的推理、基于模型的推理、模拟仿真学习等方面的成功案例，为技术支持的学习研究提供了新认识和新思维。

3. 社会学取向

人类的学习既是个体行为，又是社会性活动。人类学家、社会学家对学习社会性的研究也是学习科学的一个重要研究取向。持这种取向的研究者们注重人类学习的社会文化脉络以及学习过程中的社会性协作，而非仅对个体心理进行研究。人类的知识和互动不能与这个世界分割开来，如果这样做，就是在研究离开躯壳的智力。这种智力是人造的、不真实的和不具备实际行为的。情境和人们从事的活动才是真正重要的。人们不能只看到情境，或者环境，也不能只看到人。人与环境是互动的、相互协调的，只看到一面就会抹杀情境对认知和行为的作用。

因此，学习是通过学习者参与社群实践而发生的，是真实行为所发生的社会网络和活动系统。学习的设计应当以学习者为主体，学习内容和活动的安排要与人类的具体实践相联系，最好在真实的情境中，通过类似人类真实实践的方式来组织教学，同时将知识的获得与学习者的发展、身份建构等统合在一起。

4. 教育学取向

学习科学的研究不仅想揭示各种环境（正规学习环境和非正规学习环境）中人类学习

的认知过程和社会过程，更重要的是以此为基础，为学习和教学提供科学的理论依据，提升学习绩效。在"优化学习环境，促进知识建构"思想的指引下，各学科领域的专家及教师相互协作，将真实的课堂作为研究学习的主要场所，借助各种信息技术的支持，研究不同场景、不同学科下个体认知的特点和规律，并根据研究成果，调整优化课堂教学环境，或者创设新型学习环境和学习活动，以促进深度学习的发生。

此外，在真实课堂中获得的研究结果符合严格的实验室科学研究的标准，也是专家们所竭力探讨的问题，他们创新性的研究方法和解决问题的技术为学习研究开辟了新的路径。

二、教学理论

（一）认知发现教学理论

1. 认知发展的三个阶段

认知发现教学理论将人类智慧的生长（认知发展）过程划分为以下三个阶段：

（1）动作性表征。动作性表征阶段大致相当于皮亚杰的感觉运动阶段。在这个阶段，儿童通过作用于事物而学习表征它们，之后能通过合适的动作反应再现过去的事物。在这个阶段，动作将从内部得到再现。

（2）映象性表征。映象性表征阶段相当于皮亚杰的前运算阶段的早期。在这个阶段，儿童开始形成图像或表象，以此来表现他们的世界中所发生的一切事物。

（3）符号性表征。符号性表征阶段大体相当于皮亚杰的前运算阶段的后期及一直到后来的年代。在这个阶段，儿童能够通过符号再现他们的世界，这里最重要的符号是语言。

当一个人达到上述的第三个阶段时，并不意味着认知发展就停止了，而是意味着这个人具备了进一步理解世界所需要的基本工具，这个基本工具就是语言。

认知发现教学理论所提到的表征或表征系统，是指人们知觉和认识世界的一套规则，都是外部信息进入主体以后新信息借以加工的依据。认知发现教学理论表明了其对认知结构的重视。学习的目的是促进认知发展，而认知发展的关键是认知结构的发展。

根据其理论，人们提出了有关学习和教学的原则包括：①强调知识结构的重要性；②强调学习的准备性；③强调思维的价值；④强调学习动机。

2. 发现法的步骤、应用与局限

学习了解一般的原理固然重要，但更为重要的是发展一种态度，即探索新情境的态度。因此，教育工作者的任务是把知识转换成一种正在发展着的形式，以表征系统发展顺序作为教学设计的模式，让学生进行发现学习。"发现"不限于寻求人类尚未知晓的事物，它也包括用自己的头脑获得知识的一切方法。

（1）发现法的步骤。发现法是以培养学生的探究性思维能力为目标，在教师不加讲述的情况下，利用基本教材，使学生通过一定的发现步骤进行学习的一种教学方法。发现法将探索、发现问题的过程，予以教育上的再编制，使其成为学生学习的途径。其教学步骤一般可分为：①创设问题情境，使学生产生矛盾，并提出要求和必须解决的问题；②学生利用教师提供的材料，对提出的问题作出解答、假设；③从理论上、实践上检验假设，不同的观点可以争辩；④对争论作出总结，得出必要的结论。

（2）发现法的作用。发现学习具有四个方面的作用：①有利于提高学生智慧的潜力；②使外部动机向内部动机转移，提高了学生的学习兴趣；③培养了学生的探索发现精神，提出问题和解决问题的能力以及创造能力；④有利于信息的保存和检索。

（3）发现法的局限性。发现法也有其自身的局限性，包括：①很多教学内容很难甚至不可能设计出一套探索发现的过程供学生学习；②耗时太多，很难在有限的时间内完成大量的教学任务；③发现法对学生个别差异的适用性不强。

（二）有意义学习理论

有意义学习理论涉及学习、教学、课程等研究视域，为课程与教学改革的理论和实践提供了充分的心理学依据，对教学具有重要的指导意义。

1. 有意义学习的概念与标准

（1）有意义学习的概念。有意义学习是与机械学习相对的概念。有意义学习指符号所代表的新知识与学习者认知结构中已有的适当观念建立非人为（非任意的）和实质性的（非字面的）联系的过程。简而言之，就是符号或符号组合获得心理意义的过程。这一论断既给有意义学习下了明确的定义，也指出了划分机械学习与有意义学习的两条标准。

（2）有意义学习的标准。第一条标准是"建立实质性联系"，其含义为新的符号或符号代表的观念与学习者认知结构中的观念完全等值。用等值的语言表达不同的话，其关系不变。第二条标准是新旧知识的非人为（非任意）的联系，即这种关系是一种合理的、别人可以理解的、自然的而非人们主观强加的关系。

2. 有意义学习的三种类型

有意义学习可分为以下三种类型：

（1）表征学习。表征学习是学习单个符号或一组符号的意义。表征学习的主要内容是词汇学习，即学习单词代表什么。学习的心理机制是符号和它们所代表的事物或观念在学习者认知结构中建立了相应的关系。

（2）概念学习。有意义学习的一种较高级的形式叫概念学习。概念学习，实质上是掌握同类事物的共同的关键特征。同类事物的关键特征可以由学习者从大量的同类事物的不同例证中发现，这种获得概念的方式叫作概念形成。也可以用定义的方式直接向学习者呈现，学习者利用认知结构中原有的有关概念理解新概念，这种获得概念的方式叫作概念同化。

（3）命题学习。有意义学习的第三种类型是命题学习。命题是以句子的形式表达的，可以分为两类：一类是非概括性命题，只表示两个以上的特殊事物之间的关系；另一类命题表示若干事物或性质之间的关系，这类命题叫作概括性陈述，是学习若干概念之间的关系。命题学习中包含了表征学习，如果学生对一个命题中的有关概念没有掌握，他就不可能理解这一命题。命题学习必须以概念学习为前提。当儿童有意义地学习命题时，所学习的句子与儿童认知结构中已有的观念会建立起联系。

（三）维果斯基教学理论

维果斯基①是苏联儿童心理学与教育心理学的开创者，他非常关注儿童智力的发展与培养问题，提出了许多极富见解的理论。

1. 儿童发展中教学的重要性

教学在儿童发展中具有主导性、决定性、超前性的作用。教学在儿童心理发展，特别是智力发展中具有非常重要的作用。教学（典型的外部社会环境形式）还对儿童发展起促进作用，是儿童后天的、历史的特征之发展过程中内在必需的和普遍的因素。

2. 儿童智力发展与教学的关系

儿童智力发展与教学有以下三个重要的思想：

（1）"最近发展区"思想。"最近发展区"是针对教学与智力发展的复杂关系而提出的。"最近发展区"是指：在有指导的情况下借成人的帮助所达到的解决问题的水平与在独立活动中所达到的解决问题的水平之间的差异。这一概念认为学生的发展有两种水平：一种是学生的现有水平；另一种是学生可能的发展水平。两者之间的差距就是"最近发展

---

① 维果斯基，前苏联心理学家，"文化—历史"理论的创始人。写有多篇论文阐述教学与发展的关系，提出了"最近发展区""教学必须走在发展的前面"等观点。

区"。教学应着眼于学生的"最近发展区",为学生提供带有难度的内容,调动学生的积极性,发挥其潜能。

就条件而言,教师必须确立儿童发展的两种水平:一是儿童已经达到的发展水平;二是儿童可能达到的发展水平,即儿童在他人帮助下能够达到的发展水平。只有确定儿童发展的两种水平,才能在每一个具体情况下找到儿童发展进程与他受教育可能性之间的正确关系。

(2)"教学应当走在发展的前面"。教学要想对儿童的发展发挥主导和促进作用,就必须走在儿童发展的前面,这是关于教学与发展关系问题最主要的结论。"教学应当走在发展的前面"包含两层含义:一是教学主导着或者说决定着儿童的智力发展;二是教学创造着"最近发展区",儿童的第一个发展水平与第二个发展水平之间的动力状态是由教学决定的。教学应适应儿童的现有水平,但更重要的是发挥教学对发展的主导作用。

(3)关于学习的最佳期限。教学的本质特征不在于"训练""强化"已经形成的内部心理机能,而在于激发、形成目前还不存在的心理机能。要想发挥教学的最大作用,就必须注重"学习的最佳期限"。因此,教学必须以儿童的成熟和发育为前提,但更重要的是必须建立在正在开始形成的心理机能的基础上,走在心理机能形成的前面。教学除了最低界限外,还存在着最高界限,这两个界限是由"最近发展区"决定的。这就说明教师在教学中可以运用"教学最佳期"对儿童的发展进行指导,教师也可以通过一些中介的帮助使儿童达到最高的发展水平。

(四)掌握学习模式理论

掌握学习就是在"所有学生都能学好"的思想的指导下,以集体教学为基础,辅之以经常、及时的反馈,为学生提供所需的个别化帮助以及额外学习时间,从而使大多数学生达到课程目标所要求的掌握标准。

1. 掌握学习模式的组成

掌握学习模式理论的形成借鉴了"学校学习模式"的研究成果。掌握学习模式一般由以下步骤组成:

(1)划分教学单元,制定教学目标。教师首先根据学期教学目标和教材编排体系,将教材划分为以一两个星期为单元的系列化教学单元,并制定各单元的具体教学目标。这一过程中,教师既要注意各单元前后知识之间的密切关系,同时还要确定好各单元的掌握标准。

(2)实施诊断性测验。实施诊断性测验是为了查明学生是否具有学习新单元所必需的相应知识和技能。如果学生尚不具有学习新单元所必需的知识和技能，就要进行补习。

（3）明确学习目标，实施集体教学。新单元教学开始，教师就告诉学生教学单元的内容、学习方法和评价标准，给学生以不断的鼓励，使之保持良好的学习准备状态。之后依据教学目标的要求，对学生实施集体教学。

（4）进行形成性测验，提供反馈信息。对学生实施单元测验，以判断学生是否"掌握"，即是否达到了本单元教学目标的要求。

（5）矫正学习和深化学习。由形成性测验反馈的信息，可以了解教学的偏差及未掌握的目标和对象，然后根据学生的实际情况，对未达标的学生及时给予辅导，对达标的学生给予"自由学习时间"，鼓励他们深化学习或帮助未达标的同学。

（6）实施平行的形成性测验。通过反馈矫正，再对学生进行一次单元测验，以评定学生的单元成绩。

（7）实施总结性测验。平行的形成性测验之后，便可转入下一个单元的教学。一个学期结束时，对学生实施总结性测验，判断每个学生的学习水平。

2. 掌握学习模式的应用

在实施掌握学习模式的过程中特别要注意以下两个方面：

（1）实施反馈教学。掌握学习是一套较有效的个别化教学实践，它是建立在一般课堂教学情境的群体教学基础之上的，在群体教学中加入了自我矫正—反馈和个别化的矫正性帮助。它通过实施各种不同性质的测验（诊断性测验、形成性测验和总结性测验），进行频繁的反馈，并按照每一个学生的需要提供针对性的帮助，这样可以及时弥补和纠正群体教学带来的不足。

诊断性测验是指教师在开始教学新单元之前所实行的测验，目的在于了解学生是否具有学习新单元所必需的"前提知识与能力"，相当于我们通常实行的"摸底"测验，通过"摸底"测验可以探明学生的"底"，以便将学生置于教学序列的适当位置。形成性测验是依据单元教学目标的要求编制的测验，目的是使教师了解哪些学生已经达标或未达标，哪些目标已达到或未达到，从而为调整教学、对学生因材施教提供依据。总结性测验是在一个学期或一门课程结束后实行的，其目的是了解学生一个学期或一门课程的教学目标的达成度，为学生评定成绩、进行下一阶段的学习诊断提供信息。

（2）师生双方对掌握学习模式都要抱有信心。教师对学生要有真诚的期待，相信大多数学生都能够学好；教师在教学前应使学生了解掌握学习模式的基本思想和一般程序，使学生树立能够学好的信心，形成积极的学习动机。通过不断的反馈矫正，学生不断地体会自己的进步，这种成功的学习经验又会不断增强学生学习的愿望。

（五）教学过程最优化理论

"教学过程最优化"就是要求教师在全面考虑教学规律、教学原则、现代教学的形式和方法、已有条件以及具体班级和学生特点的基础上，选择和实施一整套教育教学方法，以最小的代价取得最大的成果。

为了实现教学过程最优化，应该运用教学过程最优化程序。教学过程最优化程序遵循任务—内容—形式—方法的顺序来进行。

1. 任务

教师在确定任务时，必须遵循个性全面和谐发展的根本原则，综合地规划学生的教养、教育和发展任务，保证教养、教育和发展职能的统一。教养任务包括传授基本概念、规律、理论和科学事实，培养各学科的专业技能和一般的学习技能、技巧；教育任务包括世界观培养、思想政治教育、道德教育、美育、体育、劳动教育和职业指导等；发展任务包括发展智力、培养意志、激发兴趣以及影响学生的情感等。在确定每一阶段的教学和教育任务时，必须注意区分出对当前所教的课题具有重要意义的主要任务的范围，并在研究学生现实学习潜力的基础上，提出具体的教学任务，依靠学生的积极性，把学生在教养、教育和发展方面的水平提到一个新的高度。

2. 内容

任务具体化之后，教师就必须以严谨的科学态度挑选最优的教学内容。教科书必须完整地反映社会对人的全面和谐发展的需要和现代科学、生产、社会生活、文化的各个基本方面，必须具有科学价值和实践价值，必须符合各年级学生的实际可能性，必须符合规定的课时，必须考虑国际水平，必须符合教师的可能性。依据这样的教材，教师就可以将其中基本的和主要的成分提取出来并使教学内容具体化，把学生的注意力集中在主要内容上，克服教学中的分散性。

3. 形式

教师应该采用合理的教学形式，实行区别教学。由于人们在素质、记忆类型、感知世界的方式、思维的主要特征等方面各不相同，在生活经验、外部条件、教学条件以及前段学习成绩的影响下，学生的知识水平和学习能力有所差别。因此，教师必须把全班的、小组的和个别的教学形式结合起来，分别对差生和优生进行指导，使全体禀赋健全的儿童都能根据统一的大纲接受中等教育，今后还能根据自己的愿望继续学习。但是，区别教学必须避免学生形成依赖心理，导致学习毅力的降低。

4. 方法

更为重要的步骤是，教师应当根据具体学习情境的需要，选择最合理的教学方法。教学方法被分为三大类：①关于教学认识活动的组织和进行的方法（口述法、直观法、实践法等）；②关于激发学习兴趣和学习义务感、引起学习动机的方法（认识性游戏、讨论、有趣的习题、创造情境、鼓励等）；③关于检查和自我检查的方法（口头检查、书面检查、实践检查等）。对待教学方法要坚持辩证的系统观点，不仅要对它们加以概括、进行统一的归类，还要深入细致地分析各种方法内在的辩证矛盾性，找出一定条件下最优的教学方法，并注意多种方法的合理结合。因为在教学中师生在各个方面相互作用，所以各种方法应当是相互联系、相互渗透的。

实现教学过程最优化还要采取专门措施，保证在尽可能少的时间内实现教学效果的最大化。教师必须分析教学效果同学生的实际可能性和师生花费的时间是否相匹配，努力提高最优化水平。

上述最优化程序并不是一种僵化的模式，也不是一种万能的"特效处方"。它只是为教师选择最优的教学方案、有效组织教学过程提供了应该遵循的科学程序。

（六）教学理论的新成果

随着时代的变迁和社会的发展，各种新思潮不断涌现，尤其是后现代主义对现代主义的颠覆，使当今教学研究正发生着深刻的变化，展望未来教学理论的发展前景，主要有以下方面的趋势：

1. 后现代主义所带来的影响

后现代主义哲学主张世界的"多元性、开放性和不确定性"，其思想为教学研究提供了新的研究视角，带来教学研究范式的转变。教学研究不再是为了寻找某些本质、规律并为这些本质、规律做出证明，而是要真正面对教学现象，解决教学中出现的问题。同时，后现代主义对二元对立思维模式进行了彻底的解构，要求打破线性的简单化思维模式，树立动态的、非线性的、多元化的、开放的复杂性思维模式。

教学现象从来就是复杂多变的，任何教学现象都具有时效性与地域性，"此时、此地"与"彼时、彼地"的教学现象之间并不存在可通约性。面对具有诸多不确定性的教学现象本身，人们应尝试着去理解，而不是去说明。后现代主义的出现为教学理论带来深刻的影响，不仅使教学理念发生变化，也让研究视域和研究范式发生变化。

2. 教学研究取向的人文科学化特点

教学活动作为一种培养人的社会活动，其人文性特点十分明显。人的需要、兴趣、爱好、能动性、情绪情感、性格、意志等主观因素不仅影响和制约教学活动，而且这些因素本身就是教学活动的构成要素，因此，教学活动具有较强的主观性。教学活动不仅包含客观事实，而且包含事实的价值和意义，教学活动具有鲜明的价值倾向。因此，教学活动中的价值蕴涵是必然的，价值涉入是教学研究无法回避的。那种秉持"价值中立"立场，放弃对价值的追问，杜绝价值涉入的实证主义研究方法，力图以教学现象及问题进行客观的、实证化的研究，很难真正认识和理解教学活动。

鉴于科学主义研究取向的简单化和片面性，从人文主义视角探讨教学理论问题则成为当代教学理论研究的新取向。教学研究既要具有科学性又具有人文性，因此，保持教学研究中科学性与人文性之间的必要张力，消除二元对立，走向多元整合，是当今教学研究面临的一个重要问题。教学研究方法论必须放弃科学主义和人文主义的二元对立，在坚持科学主义研究理念的同时，适度加强人文精神导向，使科学人文主义成为教学理论研究的基本理念和新取向。

3. 由二元对立到多元并存的思维转变

二元对立的思维模式将原本充满线性与非线性、确定性与随机性、偶然性与必然性、简单性与复杂性的混沌世界进行拆零式分析，将相互联系、相互渗透、相互包含的复杂世界分解为动与静、快与慢、虚与实、阳与阴、高与低、大与小、多与少、生与死等互不相容的两极，然后加以非此即彼的一元处理，割裂了事物之间的复杂联系。后现代主义对二元对立的思维模式进行了彻底的解构，崇尚多元化思维。在认识事物的过程中，后现代主义要求我们打破线性的简单化思维模式，树立动态的、非线性的、多元化的、开放的复杂性思维。它允许多种方法，容纳一切思想，以摆脱僵化的形式理性。教学研究中对任何教学现象的解释不能是一元的、单向度的，而应是多元的、多维度的和多视角的。这样，教学研究不再是对广泛一致的话语的追求，而是运用一种多元并存的思维方式寻求对教学现象多元的、创造性的解释。

第三节　系统工程科学及方法理论

一、系统工程科学

系统科学是系统论、信息论和控制论的统称，又称为"三论"。系统科学既是现代自然科学、社会科学、思维科学发展综合的结果，又是现代科学研究的一般方法论。它为教育技术提供了指导思想和科学方法，成为教育技术重要的理论基础之一。

（一）系统科学的基本观点

1. 系统论

所谓系统，是指由相互作用、相互依赖的若干组成部分结合而成的，具有特定功能的有机整体。这些组成部分通常称为子系统。系统论就是研究系统的模式、原则和规律，并对其功能进行数学描述的科学。系统论认为，世界上一切事物、现象和过程都是有机整体，而且自成系统、互为系统；每个系统都在与环境发生物质、能量、信息的交换中变化发展，并能保持动态稳定的开放系统；系统内部都可以含有子系统，系统内部及系统之间保持一种有序状态。

系统论和系统分析方法具有整体性、全面性、结构层次性、相关性、动态平衡性、综合与分析的统一性等特点，是解决政治、经济、教育、科学等问题的方法论基础。

2. 控制论

控制论是关于控制系统的一般规律和控制过程的科学，是自动控制、电子技术、通信、生物学、统计力学等多种学科和技术相互渗透的一门综合性科学。控制论的研究对象是控制系统，这类系统的特点是根据周围环境的某些变化来决定和调整自己的运动，而系统与环境之间及系统内部的通信信息的传递是实现系统目的的基础。控制论不仅从事物的质的方面，而且着重从量的方面去发现各种控制系统的共同规律，并把反馈方法作为提高系统的稳定性、达到优化控制目的的有效方法。

控制论观点对于实现教学过程的最优化，构建优化的教育教学系统，有重要的理论价值。

3. 信息论

信息论的产生不是偶然的，人类应用信息有悠久的历史。信息论的直接起因是第二次世界大战期间和战后通信技术的需要。雷达的发明和真空电子管的广泛应用，推动了信息传输、变换技术的迅速发展，促成了信息论的诞生。

信息普遍存在于自然、社会和人类思维之中。所谓信息，是人们在适应外部世界，并且使这种适应为外部世界所感知的过程中，同外部世界进行交换的内容。信息是事物存在的方式或运动状态，是表征事物并由事物发出的消息、情报、指令等内容。信息论是关于各种系统中信息的计量、传递、变换、贮存和使用规律的科学。信息论认为，系统正是通过获取、传递、加工与处理信息而实现其有目的的运动的。

信息论引入教育技术领域的主要是其基本观点与方法，它启发我们以信息方法来分析教育教学系统。

(二) 系统科学的基本原理

系统科学理论可以归结为三个基本原理，即有序原理、整体原理和反馈原理。

1. 有序原理

系统是由要素构成的，要素排列方式不同、运动秩序不同，会形成不同的系统。化学中的同素异形体，如金刚石和石墨，就是一个典型的例子。再如，自由电子的无规则运动没有任何现实意义，有规则的定向运动则会形成电流。

无序不能成为系统，有序是系统的本质属性之一。所谓"序"，是指系统保持自己整体特性和功能的内部结构方式和运动秩序。序体现了整体与部分的对立统一。有序原理是指任何一个系统的要素及子系统必须调整自身的秩序，或重建新的秩序，获得自身的发展和完善，这也称为有序化。

在教育中应强调处理好教学系统内部各要素之间及其与外部环境之间的关系，使它们之间的信息交换处于开放、有序的状态。在教育技术的实施过程中采用生动直观的教育信息与方法，遵循从感性到理性、从直观到抽象、从简单到复杂、从个别到系统的认识规律，更能启发学生的积极思维。因此，有序是最有效的学习方法。

2. 整体原理

任何系统都是由若干相互联系、相互作用的要素（部分）构成的整体。但在功能上，整体功能并不等于部分功能的总和。整体功能与部分功能的关系有三种情况："小于""等于"和"大于"。前两种情况在非优化系统中或机械组成范围内是存在的，但不会在优化系统中出现。

一般来说，事物功能可以分为三个层次：第一个层次是基本层次，是事物的"元功能"，即事物中各孤立部分元素的功能；第二个层次是各部分相加的功能，称为"加功能"；第三个层次是由事物的各部分按一定顺序组合形成的结构所产生的功能，可以称为"构功能"。构功能只存在于整体状态中，不存在于整体内的要素中。构功能以元功能为基础，但又不等于元功能相加的和。当要素或元素的结合是有序的、有目的的，从而形成优化系统时，系统就获得了一种"系统效应"和系统功能的"附加量"，于是，在宏观上就呈现出整体功能优于部分之和的现象。这种大于元功能相加的和的系统构功能就是一种新的系统质。

在教育系统中，优化课堂教学应重视从整体上对课堂教学进行系统分析，综合考虑课堂教学过程中的各个要素，包括教学目的的确定、教学方法的优化、媒体选择的优化，并注意各要素之间的配合、协调，发挥系统的整体功能，这样才能达到优化的目标。

3. 反馈原理

反馈原理是指任何系统只有通过信息反馈才能实现控制。在教学实践中主要强调信息传递必须具有双向性。

反馈是一种普遍现象，有关反馈的思想和实践可以追溯到久远的年代。古希腊的造船术，古代中国的"铜壶滴漏"，古代的指南车、自鸣钟和怀表，以及19世纪蒸汽机上的离心调速器，现代轮船上的操舵机等，都是反馈装置。在生物界，动物的血压、体温、血糖含量的自我调节，高级神经活动的条件反射，冬天来临时青蛙冬眠、大雁南飞等，都是反馈现象。反馈现象可以说是与生物在地球上的产生共始终的，但把它概括为一个科学概念，作为一种科学原理加以应用，是从20世纪中叶开始的。

从系统科学的观点来看，反馈就是信息的反向输送，即信息输入控制系统以后，系统会有信息输出，输出结果反送回输入端，对系统的再次输出产生影响，起到调节控制的作用。任何系统只有通过反馈，才能维持稳定状态。没有反馈，就没有各种自动调节和自动控制系统，也就没有动植物的生长发育和各种动物的有目的的活动，更不会有人的理性思维活动。没有反馈，人类也不可能实现对自然、社会和思维的控制。反馈体现了系统能动、积极的本性。

教学实践强调信息传递必须具有双向性。反馈的作用在于使教师及时获得有关学生学习态度和学习成效的反馈信息，调整教学程序、教学信息传递速度和教学方法，从而保证教学按照预定的教学目标和教学计划，高效率、高质量地有序进行。

二、系统方法的概念与基本步骤

（一）系统方法的概念

系统方法是教育技术学研究的核心方法，是教育技术理论体系中的一个不可分割的部分。系统方法在教育技术学层次中的应用，给具体的研究和教育、教学问题的解决带来了新的思路。人们可以像在工程中使用系统方法一样，广泛采用定义系统和子系统的方法来定义问题和解决问题。如此一来，一个极为复杂的问题就完全可以被分解成几个或许多相关的、能找到令人满意答案的局部问题。

所谓系统方法，就是按照事物本身的系统性把研究对象放在系统的形式中加以考察的一种方法。即从系统的观点出发，始终着重从系统与要素之间、系统与外部环境之间、要素与要素之间的相互联系、相互作用、相互制约的关系中综合地、精确地考察对象，以实现问题的最佳处理。它的显著特点是整体性、综合性和最佳化。

（二）系统方法的应用步骤

在教育技术学中使用系统方法，包括五个基本步骤，加上"修订"环节则构成六个部分，具体如下：

第一，从需求分析中确定问题。需求分析通常都是指对现状和希望的结果之间的差异分析。这种需求分析应提供两个方面的情况：①对教育、教学活动内部状况的描述；②对教育、教学系统与其外部矛盾的对立的描述。应用系统方法都是从需求分析开始的。需求分析是一个极为重要的过程，在没有根据需求确定问题以前，任何方法都是无目的的，即便是有效的，充其量也仅仅是一种偶然的巧合。所以一般应用系统方法的第一个步骤通常是根据需求分析确定存在的问题。

第二，确定解决问题的方案。根据需求分析的结果，确定需要解决的问题，同时提出需要达到的目标。这一步要提出解决问题的方案，而且一般是多种方案。

第三，从多种可能的方案中选择解决问题的最佳策略。这一步骤在系统方法中是关于"怎样去做"的一个步骤。在这一步骤里，要选择完成目标的方法和工具。通常选择方法和工具的标准是"费用"与"效果"的比值，即期望以最小的花费取得最大的效益。

第四，实施问题求解的策略。在这个步骤中，对所选择的解决问题的方法与策略要具体地加以实施。上面系统分析中提到的方法和手段将被采纳、应用或者修正。同时，为了确保解决问题计划的顺利进行，必须构造一个管理的子系统。这个子系统可以管理各种复杂的事物和处理各种在计划执行中产生的信息。

第五，鉴定实施的有效性。在实施过程中，收集的信息包括两部分，一部分是过程信息，另一部分是系统的产出信息。把这些信息同在需求分析和系统分析中所得到的各种详尽的需求信息相比较，现实的系统同所要求的理想化的系统之间的差异便一目了然。这就为下一步的修订提供了诊断性的信息。

第六，如果有必要，对系统加以修订。根据实施所得到的具体执行信息，研究者可以很快地了解问题解决系统的执行情况。如果有必要的话，许多步骤可以加以修订，构造的解决体系可能需要再设计。系统方法的这种自我修订的特征，保障了问题解决的有效性。

系统科学理论对人类认识世界、改造世界有着深远的影响。用"三论"（系统论、控制论、信息论）的理论和方法指导教育科学，特别是从中提炼和抽象出系统科学的基本原理（整体原理、有序原理和反馈原理），对研究教育技术和指导其实践具有重要的意义。

第三章 信息化教学环境与网络学习资源

第一节 信息化教学环境及其组成要素

一、信息化教学环境

（一）信息化教学环境的定义

信息化教学环境就是指运用现代教育理论和现代信息技术所创建的教学环境，是信息化教学中赖以持续的各种情况和条件的总和。信息化教学环境有广义和狭义之分：从广义上说，信息社会中与教育、教学有关的各种要素皆是信息化教学环境；从狭义上说，信息化教学环境主要是指开展信息化教学的物理教学环境、信息资源环境、人际关系环境等显性环境和文化心理等隐性环境的总和。

（二）信息化教学环境的特征

在信息化教学环境中教学活动的开展形式发生了根本性的变化，在以往传统的教学观念中，教师被认为是知识的拥有者和权威阐释者，学生则被看作"一张白纸"或"半桶水"，教师对学生的知识增长负有绝对责任，教学过程就是"知识权威"的教师向学生传递灌输知识的过程，学生在学习活动中完全被动接受，自主能动性被抑制，学习者个人的能量得不到发挥。随着信息技术的广泛应用、教学环境的巨大改变，教师的职责逐步转向以帮助学习者进行有意义的学习，帮助学生解决新问题，帮助学习者对事物性质、规律达到较深刻的理解为目标组织教学活动。人类的任何活动和行为都不能脱离其开展的环境，尤其在当前倡导教学活动中以学生为主体、通过情境创建促进学习者知识建构的教育理念转变过程中，信息化教学环境成为学习成败的关键因素，信息化教学环境与传统教学环境相比，呈现出以下特点：

1. 环境开放性

教学环境的开放主要体现在学习空间可以承载多种类教与学活动，满足不同层次学习者学习和使用，使得学习者在任何时间、任何地点、任一网络终端的接入方式下都能满足学习的需求和个性的展现。另外，开放性还体现在信息化教学环境是一个教师、学习者参与其中的可持续发展生态系统，通过开放的资源结构，学习者可以便捷地发布、共享个人知识成果，网络学习资源得以实现自身的持续动态发展。在开放的网络学习环境中，教学信息和学习资源高度共享，相关的管理和服务便于学习者自主选择学习资源，控制学习进程。

2. 资源共享性

从学习资源角度来看，信息化教学环境下的教学活动的核心就是"共享"，强调的是对个体知识的共享、优质教育资源的共享、学习环境的共享。信息化教学环境为学习者提供了连接外部学习资源的一切软硬件条件，使学习者突破时空界限，实现最大范围的共享。

3. 活动协作性

信息化教学环境为学习者提供进行远程协商、讨论的工具和手段，方便人员相互交流和协作。学习者不仅能从学习活动的协作中轻松获取所需的知识，更重要的是对知识网络中信息的贡献和生产激发了学习者对知识创新的渴望，借助于社会协作来促进个体知识的获取与分享。

4. 学习自主性

以通信、多媒体、人工智能等为标志的信息技术快速发展以及在教育领域的应用，使得信息化教学环境从支持知识的自我构建逐渐扩展到支持个别化学习，即能够提供适合每个学习者个别化需求的学习内容和学习支持。

5. 管理智能性

基于新一代互联网技术的信息化教学环境是智慧学习环境，Web3.0技术能感知学习情景、识别学习者特征、提供合适的学习资源与便利的互动工具、自动记录学习过程和评测学习成果，对学习者过程中的所有信息进行记录和分析，据此推荐适合学习者的学习内容和导航模式。

二、信息化教学环境的组成

信息化教学环境的组成要素有教学主体和实体：主体包括学习者、教师、学习共同体；实体包括网络基础设施、信息化学习资源、学习平台和工具等。

（一）学习者、教师、学习共同体

学习者是信息化教学环境的中心，为了促进特定学习目标的实现，学习者与信息化教学环境中学习工具、学习资源、学习支持、社会网络等支撑性条件发生相互作用，学习者作为主体，能够利用环境所提供的工具和资源，收集信息、理解信息，与环境或环境中的他人进行交流；教师是学习活动的组织者、学习过程的帮助者；学习共同体是利用信息化交互环境，为完成学习目标、在学习过程中以寻求学习支持和知识共享为目的组成的团体，成员包括信息化教学活动展开过程中所有参与者，如教师、学习者等，与传统学校相比具有松散多元的特征，这种通过网络交互工具组成的学习共同体突破了时间、空间和身份的限制，彼此之间的交互活动对学习者认知活动产生促进作用。

（二）网络基础设施

信息化教学环境中教学与学习过程离不开网络基础设施的支撑，这是开展信息化教学活动的必要条件，主要包括基础网络建设、多媒体计算机、网络多媒体教室、校园网、互联网、无线网络、数字化图书馆等。

（三）信息化学习资源

所有从信息化教学环境中可获取的学习资源，即一切可为学习目标服务、有利于促进学习者学习过程的信息资源，一般指经过数字化处理，可以在多媒体计算机上或网络环境下运行的、可被学习者利用的一切多媒体材料，以多种媒体形式（文本、音频、视频、动画等）组合呈现的知识，如网络课程、题库、学科资源库等，包括通过网络支撑平台进行社会性交互，从教师或学习同伴那里获取和利用的资源。

（四）学习平台和工具

学习平台是建立在网络、多媒体基础设施之上的、实现信息化教与学活动的软件系统，是保障教师和学习者之间相互作用的活动空间和支撑条件。工具是学习者为了与学习环境中其他要素进行有效互动而使用的中介手段，是学习者和信息化学习资源以及其他学习共同体成员发生联系的媒介，包括认知工具、交流工具、决策工具、效能工具、测评工具等。

第二节 信息化教学环境的典型应用

一、校园网

"教育信息化促进了校园网的普及,使校园网逐渐成为学校教育不可或缺的重要设施之一。"① 校园网是指在校园范围内,将计算机以相互共享资源(硬件、软件和数据)的方式连接起来,通过防火墙与外部的 Internet 联通,同时具有进行教学、科研、管理和信息服务等功能的局域网(简称 LAN)。

(一)校园网的基本组成

1. 网络服务器

在网络中为用户提供服务并起管理作用的高性能计算机称为服务器。服务器是 LAN 的核心,LAN 中至少有一台服务器,允许有多台服务器。网络中共享的资源大多都集中在服务器上,服务器的工作量通常是普通工作站的几倍甚至几十倍,因此对服务器的要求是速度快、硬盘和内存容量大、数据处理能力强、安全性要高。服务器根据其在网络中所承担的任务不同可分为 Web 服务器、FTP 文件服务器、邮件服务器、数据库服务器、打印服务器、域名服务器、应用系统服务器等。对于中小型校园网(如小学校园网),由于数据访问量小,往往把 Web 服务器、FTP 文件服务器、打印服务器、应用系统服务器等集中在一台高性能服务器上。

2. 客户机

工作站又称客户机。客户机是指当一台计算机连接到局域网上时,这台计算机就成为局域网的一个客户机。客户机与服务器不同,服务器是为网络上许多网络用户提供服务以共享它的资源,而客户机仅对操作该客户机的用户提供服务。客户机是用户和网络的接口设备,用户通过它可以与网络交换信息,共享网络资源。客户机通过网卡、通信介质以及通信设备连接到网络服务器。工作站可以分为有盘工作站与无盘工作站。区别在于有没有外存储器,有外存储器的工作站为有盘工作站,没有外存储器的工作站为无盘工作站。工作站和服务器之间的连接通过传输介质和网络连接部件来实现。

---

① 都业涛. 校园网信息安全优化方案 [J]. 中国新通信,2023,25(2):122.

3. 网络互联设备

网络互联设备指的是交换机、路由器、集线器、网卡等，是校园网络中计算机相互通信的媒体。

（1）网卡。又称网络适配器，是构成计算机局域网络系统中最基本的、最重要的和必不可少的连接设备，网卡要完成计算机与电缆系统的物理连接，同时，它要根据所采用MAC介质访问控制协议实现数据帧的封装和拆封，还有差错校验和相应的数据通信管理。网卡的分类有 ISA 总线网卡、PCI 总线网卡、光纤口网卡、USB 网卡、集成在主板上的网卡等。

（2）交换机。交换机是计算机网络中连接多台计算机或其他设备的连接设备。交换机主要完成对网络中传输的数据包的过滤与转发，可以将网络进行分段，有效地隔离广播网。交换机一般具有 16 个以上的连接端口，每个端口可连接一台计算机或其他网络设备，是校园网组建的主要设备，同时两个以上的交换机可以使用双绞线通过级联和堆叠两种方式进行连接。目前，交换机产品线比较丰富，可以满足校园网组建中不同环境、不同功能的需求。

（3）路由器。路由器是连接多个网络或网段的网络连接设备，可以连接同类网络，也可连接异构网络。多协议路由器能支持多种不同的网络层协议，路由器能容易地实现局域网—局域网、广域网—广域网、局域网—广域网—局域网的多种网络连接形式。路由器在校园网中最典型的应用在对外连接互联网上，由于校园网是局域网、互联网是广域网，两者必须通过路由器来互通数据，否则，两种不同的网络因为使用的协议不同，不能互相识别传输的数据。

（4）网关。网关是能够连接不同网络的软件和硬件的产品。从网络原理来讲，不同的计算机网络由于使用的网络协议不同、设备内运行的系统不同使得互相不能识别数据，网关实际上是通过重新封装信息以使它们能被另一个系统处理，即对使用不同传输协议的数据进行相互的翻译转换，网关可以布设在服务器上。

（5）防火墙。防火墙是位于内部网或 Web 站点与因特网之间的一个路由器或一台计算机，又称为堡垒主机，其目的如同一个安全门，为门内的部门提供安全，控制那些可被允许出入该受保护环境的人或物。

4. 传输介质

传输介质是数据传输系统中发送器和接收器之间的物理通路。常见的传输介质有双绞线、光纤、非导向传输媒体（无线信号）等。

（1）双绞线。双绞线电缆由绝缘的彩色铜线对组成，每根铜线的直径在 0.4mm～0.8mm，两根铜线互相缠绕在一起，成对扭绞的作用是尽可能减少电磁辐射与外部电磁干扰的影响。双绞线上既可以传输数字信号，又可以传输模拟信号。双绞线根据结构可分为：屏蔽双绞线、非屏蔽双绞线。

（2）光纤。光纤以光脉冲的形式来传输信号，因此材质也以玻璃或有机玻璃为主，由纤维芯、包层和保护套组成。光纤一般用于提供高速、远距离连接。光纤按传输点模数可分为单模光纤和多模光纤两种，按光纤折射率的不同可分为跳变式光纤和渐变式光纤两种。

5. 网络软件系统

校园网的软件系统通常包括网络操作系统、网络管理软件和网络应用软件三类，具体如下：

（1）网络操作系统。网络操作系统是最重要的网络软件，它对网络服务器实施安全、高效的管理，并对网络工作站实施协调、控制和管理功能，向网络用户提供各种网络服务和网络资源。

（2）网络管理软件。网络管理软件用于监视和控制网络的运行。网络管理软件是对校园网络资源进行管理以及对网络进行维护的软件，为网络管理人员提供有效方便的管理工具，如性能管理、配置管理、故障管理、计费管理、安全管理、网络运行状态监视与统计等。

（3）网络应用软件。网络应用软件是为网络用户提供服务，实现网络用户的各种业务需求。这类软件系统的业务对象不是网络中各种设备，而是要用好网络设备的各个功能，完成用户的应用需求。如校园网建设中的各种网络教学支撑平台、教学教务管理平台等。

（二）校园网的组建

中小学校园网是指中小学校园内为学校师生提供教学、科研和综合信息服务的宽带多媒体网络。它是一种利用网络设备、通信介质和适宜的组网技术与协议以及各类系统管理软件和应用软件，将校园内计算机、计算机教室和各种终端设备有机地集成在一起，并用于教学、科研、学校管理、信息资源共享和远程教学等方面工作的计算机局域网络系统。

与企业园区网络不同，中小学校园网的规模比较小，大多采用单中心交换节点的星状拓扑结构，采用千兆以太网组网技术。为了实现网络课程的开展，要求具备支持数据、语音、视频多媒体的传输能力，要求全网无带宽瓶颈，保证各种应用软件的带宽需求。核心交换机与接入交换机之间使用千兆光纤连接，形成千兆主干到核心交换机、千兆线速交换到桌面客户机，教学区域还要具备无线终端接入的能力，为师生提供高带宽、全覆盖的信息化教学环境。

中小学校园网络的应用系统基本可分为网络中心、办公管理子网、教学子网、数字图书馆、网络接入几个部分。

（三）校园网的教育功能

校园网作为一种在学校教育中应用的局域网，其教育应用系统的建设应以满足学校教学与管理工作的需要为目的，概括起来有四方面的典型应用：①为学生的学习活动服务；②为教师教学服务；③为学校管理服务；④为与校外交流服务。随着宽带网络、教育云服务、移动互联网技术的发展，信息化教学环境中教师、学生、管理人员、家长借助网络形成了一个课上课后、校内校外，兼具学校教学与非正式学习，集学校、社区、社会为一体的立体化教学环境。

综上，校园网的服务功能可以抽象为四个部分：信息资源服务、学校教学应用、学校管理应用以及信息交流服务。

1. 信息资源服务

信息资源服务是校园网应用系统的基础。教师和学生的课内或课外活动都是建立在丰富的教学资源上的。良好的教学资源的组织与利用，是提高学校教育质量的重要途径之一。校园网中一般会包含教学资源库、数字图书馆、学校管理信息库等。

校园网教学资源库是校园网建设的重要方面，它的主要功能是对学科教学/学习活动的一些重要环节提供相关的资源支持，在校园范围内实现教学资源的共享。

教学资源库的组织一般是以学科为中心，按照学科教学/学习内容进行分类组织和应用。

数字图书馆利用多媒体技术将纸质图书转化为电子版的数字图书，通过校园网络进行电子版图书的存取和管理，为信息检索和利用提供便利，是为了学校的教学、科研及管理提供图书信息资料服务的综合信息服务系统。它可以为校园网用户提供全面的图书情报检索、远程查询服务以及发布新书资料信息、图书流通和在线阅读等功能。

2. 学校教学应用

对于学校来说，教学工作是学校的中心工作，学院的一切管理和业务都是为教学服务的，校园网建设的最终目标之一就是对学校的教学活动提供多个方面、多种形式的支持，为信息化教学提供支撑平台。信息化教学环境中，课前教师要完成教学设计、教学内容的组织；教学过程的实施中要完成讲授、组织讨论协作、教学效果的评估、解答疑难等教学活动；因此，校园网的教学应用主要是在相应的网络教学支撑平台提供的技术和工具支持下完成的。主要的应用形式有网络教学支持平台、网络学习支持平台、网络教学教务管理平台和各类网络教学资源库等。

（1）网络教学支持平台：为教学实施过程中所有环节给予支持，备课系统为教师的备课和教学设计提供相关支持，教师通过简单的素材组织即可开发设计教学活动和教学资源，教学管理系统对教学活动的组成序列进行设计与管理，还可对学生的学习过程进行管理。

（2）网络学习支持平台：可以为学习者的整个学习过程给予支持和帮助。可在平台上完成学习活动、学习评价、学习交流、提供学习工具等。

（3）网络教学教务管理平台：借助网络的便利性，开展相关的教育管理工作。可对教师、学习者、教学辅助人员的信息进行管理，分配相应权限。教务管理包括在网络平台上选课、学费缴纳、学生学业成绩管理、教学任务分配等工作，对专业学科、课程、教师的教研活动等教学管理，分布教务信息等。

（4）各类网络教学资源库：利用网络技术为各学科建立教研、学习资源库，不仅方便教师和学生查阅资料，也可以开展基于学习资源的网上教学活动。如学科试题库、多媒体课件库、数字图书馆等。

3. 学校管理应用

学校管理信息系统就是利用计算机网络的数据管理和信息处理功能来支持学校的管理职能。一方面，可以实现全校管理信息的共享，提高管理工作的效果与效率，通过校园网可快速发布通知、召开语音或视频会议，推动无纸化办公；另一方面，帮助学校管理部门及时了解学校各项工作状态、监测、评价、调控教育管理过程，以利于学校的行政管理和教学管理，并为校领导提供科学决策的重要信息依据。

4. 信息交流服务

学校信息交流服务的典型形式有学校门户网站、校园网通信交流群组、信息查询系统以及校园网一卡通等部分。

学校门户网站主要用于学校的对外宣传，展示学校形象，介绍学校的相关发展情况、教学信息、招生信息、学科建设等，同时，学校门户网站中还会将学校提供的各种服务链接集成到网站主页内，成为人们使用校园网应用的人机交互界面。校园网通信交流组件主要用于校园网内用户之间的信息共享与交流。

二、多媒体教室

多媒体教室是根据教学需要，将计算机、投影仪、视频采集播放器件、多媒体视频实物展台等先进的视听设备以及其他可遥控设备（如电动屏幕、电动窗帘、灯光等）有机地连接，构成信息化视听教学环境的集成系统。系统由教师根据执教内容集中控制，能实现对各种设备常用功能的控制和音视频之间的切换操作，能方便地将实物、计算机教学课件、视频、音频等教学内容呈现在学生面前，实施多媒体组合教学，使教学的内容生动化、形象化和具体化，克服了以往呆板的灌输形式，声像并茂的教学过程更加符合学生的认知、理解和记忆规律，从而提高教学效果和效率。根据不同的学科特点和教学需求，目前各类学校中最常见的多媒体教室有演示型多媒体教室、网络多媒体教室和语音多媒体教室。

（一）演示型多媒体教室

演示型多媒体教室一般以中央控制系统、多媒体计算机为教学控制核心，辅助以多媒体显示系统（投影仪、显示器或电子白板系统）、投影幕布、录像设备、视频展示台、音响系统（音箱、话筒、功率放大器）、信号源切换设备等信息化教学设备的集成系统。通常该系统还要与校园网络相连，共享校园网和互联网上丰富的信息资源。

演示型多媒体教室综合运用了计算机和多媒体技术及控制技术，集中协同控制计算机、影碟机、录像机、视频展台、投影机等现代视听设备，同时对电动窗帘、灯光、幕布等环境设备进行集中控制，通过屏幕投影，营造出一个智能化的多媒体视听教学环境。演示型多媒体教室使得教学内容的演示变得直观、形象，能与传统课堂教学相衔接，得到了普遍应用，利用多媒体教室上课已经成为每位教师必备的教育技术技能。

1. 中央控制器

演示型多媒体教室中全部媒体设备都由中央控制器集中管理控制。该系统采用 32 位嵌入式处理器，具备强大的多媒体交互能力，内置嵌入式操作系统，成为整个多媒体教室系统的基础核心。中央控制器将被控设备的各种操作功能按用户实际操作的要求进行组合处理，然后将其对每一媒体或设备的操作过程集成一体，授课教师可通过计算机里控制软件界面或教师讲台桌面按键面板进行操作控制。同时，系统支持管理员在网络上对多个教室的远程控制，所有的基本控制管理员都可以在网络上进行操作，并实时将执行结果反馈给管理员，可以实现本地/远程的集中控制。当点击某个教室时，系统将以图标或列表的形式全面呈现教室所有设备的状态：中控、讲台、投影机、PC 机、音量、麦克风、报警设备等所有连接入系统的设备。同时，针对每一个设备都可以实施管理和控制：设备的开关、音量的调节、MIC 的调节、输入/输出信号的选择切换、PC 信息统计收集等。

2. 多媒体计算机

多媒体计算机是多媒体教室的核心，在系统中既是计算机教学媒体，又是网络连接设备，可能还是中央控制系统的操作平台。由于其多数时间处于多任务工作状态，所以尽量选配运行速度快、内存大，配有声卡、网卡，光驱纠错能力强，且工作稳定可靠的多媒体计算机。由于多媒体教室的计算机要适合不同课程的教学，因此软件的配置要兼顾不同课程的需要。对于没有安装还原保护卡的计算机应安装系统保护还原软件，以防由于误操作等引起系统故障。

3. 实物展示台

实物展示台也称视频展示台。实物展示台是通过 CCD 摄像机以光电转换技术为基础，将实物、文稿、图片、过程等信息转换为图像信号输出在投影仪、显示器等显示设备上展示出来的一种演示设备。教学中教师一般利用视频展示台来展示文稿讲义、图片照片、标本模型、实验器皿等图文资料和小型实物。由于视频展示台能够摄取实物，大大地拓宽了它的使用范围，方便了教学。

4. 投影仪及投影屏幕

多媒体教室的投影系统一般选用高性能的投影设备和大尺寸投影幕，根据不同的使用要求，提供大屏幕、高亮度、多画面的图像输出，以获得丰富的信息资源，达到最佳的视觉效果。

投影仪是多媒体教室中计算机、实物展示台、VCD、录像机等视频信号的再现设备，作为图像信息显示系统主体的投影仪，根据其不同的投影原理，可以分成阴极射线管 CRT 投影机、液晶显示 LCD 投影机和数字光路 DLP 投影机三大类。无论何种投影机型，其主要的性能指标是亮度和分辨率。投影仪的安装根据不同的场合要求可分为前投桌面、前投吊顶，根据教室的实际空间和教学要求而定。

正投幕布又分为软屏幕和硬屏幕，其中软屏幕包括白屏幕、珠光屏幕和金属屏幕；硬屏幕包括平面屏幕和弧形屏幕；背投屏幕也可分为软屏幕和硬屏幕，其中硬屏幕用得较多。

5. 音响系统

音响作为多媒体教室中重要组成要素之一，声音的扩声效果的好坏，对教育教学过程的成败至关重要。音响系统由功放、音箱、话筒等设备构成，主要作用是将发言通过集中扩声将音频信号清晰地传输还原，实现多媒体教室的现场扩音、播音，配合大屏幕投影系统，提供优良的视听效果。多媒体教室的音响系统应选择频响宽、高保真的系统，应具有话筒混响功能，使教师能在播放媒体内容的同时进行讲解，保证教室有足够的声压场强、均匀的声场分布、足够的语言清晰度，使所有学生都能听到、听清发言内容。

6. 多媒体教室的应用

演示型多媒体教室被广泛地应用在各级各类学校课堂教学中，教学中教师通过操作计算机和实物展示台，可以灵活组合文字、图片、动画、音视频等现代教学媒体进行授课，可用无线话筒进行讲课并且可以用于记录讲课内容，学生可以图文并茂地展示作品和研究结果，多媒体教室也可用于学术报告活动和观摩示范课。

多媒体教室多用于以教为主的教学，多媒体设备主要起着演示教学内容的作用，利用音视频多媒体的优势，以丰富的多媒体信息刺激学生的各种感知器官，突破教学重点、难点，从而优化教学过程，提高教学质量和效率。教室中的媒体主要是教师用来辅助教学的，学生很少参与控制，教师依然是课堂的控制者。

（二）多媒体网络教室

多媒体网络教室是集成了多媒体技术和网络技术的信息化教学环境，它既能呈现形式多样的教学内容，又能提供各类丰富的学习资源，能够支持学生的自主学习、合作学习、探究学习活动。

网络多媒体教室根据其控制信号和传输方式的不同，可以分为硬件型和软件型网络教室两种。硬件型网络教室需要给每台计算机安装音视频传输卡，各计算机之间铺设信号传输线用于传输视音频信息和控制信号，还需要配置专用的控制面板。所有的音视频等多媒体数据都通过专用的数据线传输到学生机。纯硬件方式由于成本较高，安装复杂、升级困难等原因，目前已逐渐被软件型网络教室所代替。

软件型网络教室是指在计算机网络的基础上利用软件进行教学控制和数据传输，实现教师机对学生机的广播、监控、语音教学等操作。教师机要安装教师机程序，学生机安装学生机程序，教师机程序可以联网控制学生端程序，包括控制关机、黑屏、屏幕监看、直接控制、屏幕转播、电子举手等功能，使得每个学生端或教师端信息的共享更加便捷。随着网络带宽的不断改善，目前基于软件的多媒体网络教室控制系统更为常见，不但能够实现基于硬件的网络教室的全部功能，还彻底解决了以往网络多媒体教室建设成本高，维护、使用困难等一系列问题。

1. 软件型网络教室的教学管理系统功能

多媒体网络教室通常由计算机局域网和网络教学系统两部分构成。软件型网络教室的教学管理系统功能如下：

（1）广播教学。可将教师的计算机屏幕画面和语音等多媒体信息（如教学课件等）实时传送广播给全体、群组或单个学生。教师可以用这个功能进行多媒体课件的教学、演示操作等。

（2）屏幕、键盘锁定。当教师在口述讲解，无须学生看屏幕时，为了不让学生因看屏幕而影响听讲，在必要时，可强制学生机屏幕黑屏，使学生能够集中精力听讲。为防止学生在未经许可的情况下操作计算机，教师可随时锁定、解锁任意学生机的键盘和鼠标，停止或恢复学生进行操作计算机。

（3）示范教学。使用转播教学功能，教师可选定一个学生的屏幕及声音传播给其他学生，增加学生对教学的参与感，提高学习的积极性。

（4）课堂监控。教师可实时监视、监听每个学生的计算机屏幕和语音，观察学生的学习情况，这样教师不用离开自己的座位便可在自己的计算机上观看到每个学生对计算机的操作情况。可对单一、群组或全体学生进行循环监视监听。

（5）分组讨论。教师可选择一个或多个学生进行分组讨论，通过文字和语音进行交流，而其他学生不受干扰。

（6）网络答疑。教师可与任意指定的学生进行实时双向语音对话，而其他学生不受干扰。教师可利用此功能进行一对一的答疑辅导。教师机接管指定的任意学生机键盘和鼠标，对学生远程遥控，辅导学生完成操作，进行"手把手"式交互式辅导教学。教师在遥控辅导教学中可实时监视被遥控学生的计算机屏幕。教师在遥控辅导教学中可与被遥控学生进行双向交谈。

（7）学习资源分发。教师可以通过网络进行多媒体文件的分发，利用此功能教师可布置作业，自主发送学习资源等。

（8）电子举手。学生使用电子举手功能可随时呼叫教师。学生可随时通过电子举手来进行问题抢答或向教师提出自己的问题。学生举手在教师界面中用特定动态图标表示。

（9）电子教鞭。模拟黑板，教师在电子黑板上可实现在普通黑板上的全部功能。使用电子教鞭，教师可边操作软件边注解，达到教学提示及注释的目的。提供文字书写，可设置文字字体型号；提供大量图形工具；可改变调整笔型、笔宽及笔色；提供多种注释方法（箭头、注释模板、区域闪烁等）辅助教学讲解。

（10）自动注册。教师在启动整个网络教室系统时，学生机自动启动，并开启注册画面，教师可随时更改座位表，指定任意学生登录或退出教师机，学生登录后，系统将不在允许学生自行登录或退出。

2. 多媒体网络教室的应用

在多媒体网络教室中开展教学活动，应该充分发挥网络的资源共享、交流合作功能，利用网络资源的丰富性和共享性，支持学生的自主学习，组织线上线下的协作学习活动。

在以下情况中，可以考虑应用多媒体网络教室：

（1）多媒体课堂教学：教师可以方便地将多媒体信息（包括文字、图形、图像、动画、视频、音频）按教学需要进行组合，开展多媒体课堂教学，也可以将其他互联网教学资源实时引入课堂，可实现全动态图形、图像、视频和声音的实时同步发送，丰富教学资源。学生可充分利用网上资源进行学习，还可以利用在线交流工具开展网上交流合作等。

（2）学生自主学习：学生可以利用网络教室服务器内提供的丰富的教学资源进行自主学习，也可以利用互联网的学习交流工具与他人讨论问题，获取资源共同协作完成某个学习任务。

（3）网络学习评价与反馈：教师可以通过网络教室建立试题库并对学生进行考核，考核结果可以通过分析系统得出每一个学生、每个班级甚至整个学校在一段时期内学生的学习水平，从而为教师调整教学方法提供参考。学生可以自己调用网络服务器上的试题库进行自学、自测，及时了解自己的学习水平，以便调整学习的进度。

（4）教学资源共享：可以提供教学资源文件服务器、打印、传真等多种设备以及连接数字图书馆等各类信息资源库，使学生能通过网络获取更多优质教育资源。

（三）语音教室

语音教室是为满足语言教学的需求，基于多媒体、网络和嵌入式系统等技术设计实现的语言教学环境，主要用于语言教学。语音教室一般由多媒体控制器、教师控制面板、学生控制面板、DVD机、录像机、耳麦和功放等语音设备以及流媒体服务、虚拟存储服务、负载均衡服务器等组成，但近年随着功能需求的增加，语言教室已逐渐发展为"通用计算机+语音终端"型的数字化语音教室。

数字化语音教室主要用于语言技能的训练，如外语教学中的语音课、听力课、口译课等。在语言教学中运用语音教室进行教学，教师把视听教材和视觉形象结合起来，创造出良好的语言环境，有利于学生加深对语言环境的理解，便于因材施教，学生利用计算机和网络，以适合自己的速度自主学习和个别化学。

借助于语音教室的多种教学功能，教师可面向全班、小组或个人讲话，使用灵活方便；全班学生可以学习同一内容，也可按小组学习不同的内容，或每个学生利用自己座位上的录音机选择不同的录音教材进行自学等；所以，语音教室既可进行集体教学，又可进行个别教学。由于语音教室能为个别指导和因材施教提供条件，可以实时有效地把学生的学习情况反馈给老师，使课堂教学系统操作简单、教学效率高，不仅减轻了原本简单机械而又繁重的语言教学任务，同时有利于教师改进自身教学方法和手段，提高教学效率。

三、微格教学系统

"微格教学是利用现代视听设备，培养师范生或在职教师教学技能的一种方法。"[①] 微格教学，又称录像反馈教学，是以现代教育理论为基础，利用多媒体技术，依据反馈原理和教学评价理论，分阶段系统培训教师教学技能的教学活动。微格教学主要应用于师范类学生的专业技能训练中，如在正式上岗教学实习前的讲课训练和试讲，微格教学将教学过程分解成许多容易掌握的单项教学技能，采用微型课堂的形式教学实践，指导教师对试讲学生进行教学录像和监控，然后分析其试讲过程，纠正错误和不良习惯。微格教学以现代视听技术为手段，依据教育学和心理学理论，对学生和教师进行模拟教学训练，对学生和教师教学行为的训练可起到显著作用，微格教室是进行微格教学的场所。

（一）微格教学系统组成

微格教室的基本组成包括主控室和微格教室两部分，近几年随着大规模开放在线课程（MOOC）、微课等新型教学形式的出现，传统的面板式操作控制的模拟系统远不能满足现代多媒体教学的需要，各类学校在微格教室建设中仅将微格教学作为其中一项功能。目前的微格教学系统不再是一个局限于特定场所的、仅有特定功能的系统，而是一套采用了先进的数字化传输、数字化存储和网络应用的系统；是集微格教学、多媒体编辑、影视音像制作、多媒体存储、视频点播、数字化现场直播为一体的数字化网络系统。数字化微格教学系统包括主控室、录播系统、微格教室。

1. 主控室

主控室综合利用校园网络，实现各教室的视频监控，课堂的远程录制，并对实训课堂内容实时直播，可实现课程评议观摩、语音对讲、后期编辑、资源点播、资源分类、权限管理等功能，并以分布式形式展现给学员和老师。主控室可以控制任一微格教室中的摄像机和镜头，可以监视监听任一微格教室的图像和声音，配合网络和软件系统可完成录播教

---

① 潘文涛，黄宣文. 微格教学若干问题探讨 [J]. 电化教育研究，2005（8）：53.

室和微格教室的远程控制、集中录播管理、课程的调度与交互直播，并实现教学观察与安全监控。如在教学技能训练中随时暂停某一微格教室的录播，进行通话指导，也可以把某个微格教室的情况直播给其他的微格教室进行示范研讨，可以录制某个微格教室的教学实况供课后讲评。主控室除了有计算机、主控机、监视器、监控台等硬件设备外，还有一套功能强大的软件系统发挥了主要作用，如主控室服务器中安装有微格教学系统、录播系统、互动教学系统等。完成对各个微格教室的教学监控、设备的远程操控及人员间远程实时互动与交流。

2. 微格教室

实现教学训练、说课、教学点播与观摩、课后反思，并完成教学的自动跟踪摄像，及时捕捉实训学生的教学情形，可以自行录制训练过程，及进行反馈、评价，用于教师教学技能和学生职业的培训。

微格教室的基本组成单元有模拟教室、控制室、观摩室。

（1）模拟教室（微型教室）。模拟教室里装有话筒和摄像系统，用来拾取"模拟教师"的声音和教学活动形象。如条件允许，还有另一台摄像机用来拾取"模拟学生"的学习反应情况。室内还设置有电视机，用来重放已记录的教学过程录像，供同学们进行评价分析。

（2）控制室。控制室装有电视特技机（信号混合处理器）、调音台（混音器）、录像机、视频分配器、监视器等设备。从每间模拟教室送来的"模拟教师""模拟学生"教学活动的两路视频信号经电视特技台控制，一路送到录像机进行录像，另一路则可经视频分配器把教学实况信号直接送到观摩室，供同步评述分析。

（3）示范观摩室。这是一个装有电视机的普通视听教室，把控制室中经视频切换器选择后的视频信号送到电视机上，即可实时同步播放教学实习的实况，供指导教师现场评述，供较多的学生观摩分析。

3. 录播教室

录播教室是在演示型多媒体教室基础上增加摄录编系统、压缩存储系统和通信传输系统设备及相关软件架构而成。在录播教室中利用课程录播系统，将教学过程中教师、学生和课件等现场信号同步采集录制下来，合成多媒体课件的课程。

录播系统能够记录课堂教学的整个过程，教学录像通过磁带、硬盘和计算机系统保存下来，还能够实现通过流媒体直播和点播的方式共享优质资源。录播系统主要用于学校在线课程制作开发、教学现场直播、视频教学课件（微课）制作等教学活动，是目前视音频教学资源的重要来源。

录播教室包括演示型多媒体教室的基本设备、摄录片与导播系统（设备或软件）、灯光、压缩存储系统（设备或软件）、多媒体广播（单播、组播、点播）系统（设备或软件）等。

（二）数字微格教学系统的教学应用

（1）训练教学技能。微格教学系统主要用于训练学生或在职教师的教学语言、板书、讲解、演示和提问等教师课堂教学技能，用于训练学生或在职教师的导入、强化、组织、试误和结束等调控教学过程的技能。

（2）自动录播教辅助授课。自动录播教室用于教师现场授课，自动生成课堂教学实况录像，完整地记录教师授课的全过程，包括教师讲授的过程、板书书写的过程和使用的多媒体教学课件等，按照授课的时间顺序自动编辑生成授课实况录像，同时还可以以流媒体的方式在互联网上进行直播，使广大师生如在课堂现场一样，课后还可以在网上点播重放。

（3）进行能力评估。利用微格教室进行教师专业技能训练的反馈评价。通过对录像视频的分析，评估教学技能应用的方式和效果，对教师、学生授课能力进行评估，同时自动保存评估记录。

（4）利用微格教室开展在线教学观摩。可以对优秀教师、外聘特级教师的示范课程进行转播或实况录像，供其他师生观摩、学习。学校重大活动，如外请专家、学者讲课，作报告，进行政治思想教育、爱国主义教育，和校园卫星电视网结合，把微格教室的活动和课程向全校实况转播，供全校师生观摩、学习。

（5）课程开发。用于视频公开课、在线课程、微课等视频课程的开发制作。

第三节　网络教育资源及其检索应用

一、网络教育资源的概念

"网络教育资源是随着计算机技术、通讯技术和网络技术的迅速发展而发展起来的新型教育资源，已成为现代远程教育的主要形式。"[①] 网络教育资源是建设信息化学习环境

---

① 马惠君. 浅谈网络教育资源的类型 [J]. 科技情报开发与经济，2006, 16 (5)：80.

的重要组成部分，是开展信息化教学活动的基本保障。广义的网络教育资源是指网络资源中与教育相关的部分，其涵盖的范围非常广泛，不仅包括非生命的各类实物（如计算机、通信设备、软件系统等），还包括具有能动性的有生命力的人力资源；狭义的概念是指，人们从事网上教育活动的条件和产物，主要指蕴涵了大量的教育信息，能创造出一定的教育价值、以数字信号的形式在互联网上进行传输的信息资源。其中的核心要义是在教育系统中传递的信息，主要包括教学内容以及伴随着教学活动产生的其他信息。网络教育资源不仅包括图片、文档和视音频等静态内容类文件，还包括网络教学活动中大量存在于网络的讨论组、专题网站等动态资源。

二、网络教育资源的分类

网络教学资源包括的类型有：媒体素材，题库，案例，课件，网络课程，专题学习网站。

第一，媒体素材。媒体素材是指传播教学信息的基本材料单元，包括文本、图形图像、音频、视频、动画等。

第二，题库。题库是按一定的教育测量理论，在计算机系统中实现的某个学科题目的集合，是在数学模型基础上建立起来的教育测量工具。

第三，案例。案例是指有现实意义和教学意义的代表性事件或现象。

第四，课件。课件是对一个或几个知识点实施相对完整教学的辅助教学软件。

第五，网络课程。网络课程是通过网络表现的某门学科的教学内容及实施的教学活动的总和，包括课程大纲、课程学习计划、课程内容讲解、背景资料、案例分析、单元练习、课程作业、试题题库、答疑信息等。

第六，专题学习网站。专题学习网站是围绕某一专题的教学网站，它通过向学习者提供大量的专题学习资源和协作学习交流工具，让学习者自己选择和确定研究的课题或项目的设计，自己收集、分析并选择信息资料，应用知识去解决实际问题。

三、网络教育资源的特点

"随着网络教育的迅速发展，在线学习为学习者提供了个性化、资源共享和师生间双向交互等优势。"[①] 以电子媒介代替纸媒体呈现知识信息是网络教育资源区别于传统教育资源的突出特点。由于承载媒体与传递方式的不同，网络教育资源具有区别于传统教育资

---

① 陈蓉琳. 基于不同学习风格类型的大学生在线学习交互研究 [J]. 教育与职业，2012 (6)：178.

源的明显优势，这些优势也是其特点，主要包括以下八方面：

第一，信息分布的网络性。互联网已经成为全球最大的信息资源库。强大的信息资源库为教育的新观念、新理论、新手段提供了理论和实践上的支持，为教育的新问题提供了解决的方法和途径，并创造了自由搜索的空间。

第二，信息形式的多样性。互联网信息内容以多媒体、多语种的形式表现，极大地丰富了信息内容的表现力。如网上的各种报纸杂志、教学软件等多具有文字、图片、音频、视频等媒体形式。信息形式的多样性有助于人们知识结构的更新和重构，有助于学习者保持较高的学习兴奋度和较好的学习效果。

第三，信息加工的统一性。互联网信息——文字、图形、图像、声音、动画、音频、视频等，都是采用0、1二进制编码方式进行编码。Internet信息都是电子信息和数字信息。

第四，信息获取的便捷性。通过网络终端可随时随地获取互联网信息，这就摆脱了查找其他媒体信息时所受的时间、空间等因素的限制。

第五，信息的共享性。互联网信息除了具备一般意义上的信息资源的共享性外，还表现为一个互联网网页可供所有的互联网用户随时访问，不存在传统媒体信息由于副本数量的限制所产生的不能获取信息的现象。

第六，信息的时效性。网络信息的时效性远远超过其他任何一种信息，网络媒体的信息传播速度及影响范围使得信息的时效性增强。同时，网络信息增长速度快、更新频率高，这些也是其他媒体信息所不能企及的。

第七，信息的互动性。互动性是网络的主要特点之一。网络信息一改以往书籍、报刊等印刷信息以及广播、电视等电子信息的单向传递方式，也不同于电话的必须同步的双向交流方式，它一般具备双向传递功能，即用户在接收到相关的网络信息后可针对该信息随时向该信源提供反馈，一般表现为在网页上提供相关的E-mail（电子邮件）地址。网络用户既是网络信息的使用者，也是网络信息的发布者。

第八，信息的唯一识别标志。互联网信息都是以网页的形式呈现，所有的信息都有相应的通用的URL（统一资源定位）地址或IP地址作为其区别于其他网上信息的标志。这一特点不同于其他数字或电子信息以及传统的印刷信息。

四、网络教育资源的建设和管理

（一）网络教育资源建设的标准

教育资源建设是教育信息化的基础，由于教育资源的复杂性和多样性，会出现大量不同层次、不同属性的网络教育资源，不同系统使用不同的文档格式，各自开发独立的课件管理系统，系统之间无法进行交流，即便在系统内部内容及课件的更新也不容易，学习资源如果缺乏统一的格式和结构，将不能被有效地管理和利用。因此，网络教育资源的建设首先要制定共同遵守的规则和标准，使分布于网络上巨量的学习资源具有开放性与可扩展性，能在不同的教学系统间交互操作变得简单易行，可重复利用，易于共享。网络教育资源建设的标准化带来的好处在于：①支持资源共享，使得一个网上学习资源对象可被多个学习系统利用；②实现系统交互操作，使得多个系统及组件之间能够交换与使用彼此的信息；③保障网络教育服务质量，使得网络教育系统的各项要素协同作用，能够满足学习用户的多种需求。

目前，国内外众多机构致力于网络教育资源的标准化研究，并颁布了一些相应的规范，其中影响较大的有以下四类：

1. LOM 学习对象元数据标准

IEEE 学习技术标准委员会的学习对象元数据标准（LOM），LOM 标准旨在为学习者或教育者等对学习对象的查找、评估、获取和使用提供支持，同时也支持学习对象的共享和互换。LOM 是当前最重要的关于网络教育资源的数据模型，LOM 将描述学习对象各方面特征的元素分为 9 个基本类别（即通用、生存期、元数据、技术、教育、权利、关联、评价、分类系统），每个类别包括若干元素。LOM 对每个元素定义了其名称、解释、值域、数据类型、附注和示例等。

2. IMS 的学习资源元数据规范

IMS 全球学习联合公司的学习资源元数据规范（LRM），内容包装规范（CP）是由 IMS 研究开发的。该规范旨在为学习内容定义一个标准的数据结构，并且绑定足够的描述信息，以便于学习资源的快速检索、有效的共享和交换。只要符合内容包装规范，不同种类的课件可以作为独立的单元在不同的平台进行传输、交换和执行，可以被不同的制作工具重复使用。内容包装规范使学习内容成为可以在多个应用与学习环境之间进行交换和重复使用的学习单元，有利于不同的网络教育机构之间进行充分的教育资源共享，减少学习内容制作的时间开销。

3. SCORM 可共享内容对象参考模型

SCORM 内容集合模型描述了教学设计者为设计预定的学习体验而集合学习资源的教学方法，其中学习资源可以是任何信息表现形式，学习体验包括由电子/非电子学习资源所支撑的教学活动。

4. CELTS 中国网络教育技术标准体系

我国参照国际标准 LOM 标准体系制定符合我国国情的教育信息化技术标准体系 CELTS，该体系分为总标准、教学资源规范、学习者规范、教学环境规范、教育服务质量规范五大类。其中有一些教育资源建设方面的标准：《CELTS-3 学习对象元数据规范》《CELTS-41 教育资源建设技术规范》《CELTS-42 基础教育资源元数据应用规范》《CELTS-9 内容包装规范》和《CELTS-10 练习测试互操作规范》等。

以上所列的教育资源信息规范只是众多技术标准体系中较有代表性的，这些标准的制定为网络学习环境的建设起到了基础支撑的重要作用，为教育机构开发数字化学习资源提供了数据绑定的基础，提高了学习资源的封装性、可重用性和可继承性，从而使学习资源可以在不同的创作工具、学习管理系统和运行环境之间互操作，为分布式学习、联通学习提供了强有力的支持。

（二）　网络教育资源的应用管理

1. 宽带网络校校通

完成学校宽带网络建设，优化各级各类学校网络条件下的教学与学习环境，重点加强农村义务教育薄弱学校的网络建设，完善包括网络设备、教师电子备课室等在内的基础设施。加强学校数字化终端和应用平台建设，全面提升各级各类教育在学校管理、教学应用、学生实训等方面的信息化水平。

2. 教学资源班班通

形成丰富的各级各类优质教学资源，逐步将优质教学资源送到每一个班级，努力建好以下三个课堂：

（1）专递课堂。专递课堂主要针对特殊需要的课堂，集中力量做好一批音乐、美术、英语、信息技术、职业教育新课程等课程资源建设，引导学生利用智能工具在教师组织下进行探究性学习。

（2）名师课堂。名师课堂是组织具有一定教育技术能力的特级教师和学科骨干教师，利用公共服务平台提供的个人空间和相应工具，开设学科重点难点讲座，帮助学生更好地完成学习任务的课程。

（3）名校网络课堂。名校网络课堂指汇聚若干基础教育名校和职业教育示范校的优质资源，开设网络学校，为学校集体组织学生选修高中网络课程和职业学校新开专业提供服务。

3. 网络学习空间人人通

逐步为学生和教师建立实名网上学习空间环境，大力开展跨区域网络协作教研，促进技术与教学实践的融合落实到每个教师和学生的日常教学、学习活动之中。加快研发推广与现行中小学课程标准相配套、适合学校课堂网络化教学需要的数字互动教材、教辅材料资源和学生自我评价检测及信息管理系统。完善基于网络的教研平台和城乡校际结对帮扶平台，通过网络听课、互动评课、远程协作等教学活动，积极促进城乡学校同步应用信息技术。加强现代信息技术培训，认真落实"中小学教师国家级培训计划"中的"远程培训"及其他培训项目。

4. 教育资源公共服务平台、教育管理公共服务平台

加强优质教育资源开发与应用，着力打造各类教育的优质教育资源系列品牌。大力服务基础教育质量提升工程，加快数字化基础教育网络资源的开发，在学科资源全覆盖的基础上，将优质资源率提高到 30%。同时对职业教育优质资源共享、高等教育优质资源建设、终身教育教学资源建设都提出了具体建设目标，以社会实际需求为推动，逐步建立广覆盖、多类型、多层次、开放便捷的终身教育资源体系。

五、网络教学资源的检索

互联网的迅速发展，导致了网上信息的爆炸式增长。网络的信息高速流动和广泛共享的特点，可以使任何人在任何时间、任何地点访问到最新的海量信息，这将从根本上改变教和学资源贫乏的格局，并将孕育全新的教学资源建设和应用的模式。但是，网络信息的急速增长，也带来一系列的问题。比如网上信息泛滥，要找到有价值的信息非常困难。因此，教师在进行教学和科研过程中，面对互联网上众多的信息资源，为了检索出适合的教学资源，要综合运用多种检索方法，争取高效地检索到最大范围的、最有用的教学资源。

（一）利用专业网站或专题网站进行检索

一般大型的综合性教育网站和搜索引擎都提供分类目录检索服务，如中国教育科研网、搜狐、Yahoo、AltaVista 等，而且还提供了诸如"教育技术""远程教育"等分类目录。通过这些专业网站和目录检索，可以找到需要的各个学科的教学资源。

利用专业网站或专题网站进行检索的主要步骤包括：①打开 IE 浏览器，输入网址；②将鼠标移至左边的分类列表上的分类，出现子菜单；③选择书籍并点击目录；④在列表中选择章节，右边的资源列表中出现相应的资源；⑤选择点击阅读章节，打开相应的资源。

（二）利用搜索引擎进行搜索

搜索引擎是互联网上的一些网站，它的主要任务是在互联网上主动搜索 Web 服务器信息并将其自动索引，其索引内容存储于可供查询的大型数据库中。当用户输入关键字查询时，该网站会告诉用户包含该关键字信息的所有网址，并提供通向该网站的链接。

搜索引擎的工作过程包括：①打开"网页搜索程序"在网上搜寻所有信息，并将它们带回搜索引擎；②将信息进行分类整理，建立搜索引擎数据库；③通过 Web 服务器端软件，为用户提供浏览器界面下的信息查询。

由于搜索引擎设计时的目的、方向和技术的不同，有时往往同一关键字在不同的搜索引擎上所查到的结果不同，所以我们在使用搜索引擎前要选择较为合适的引擎站点；同一个搜索引擎，关键字的不同也可能获得不一样的结果。可见掌握一定的网上搜索方法和技巧对高效率地利用网络信息资源有着重要的意义。

首先，要学会关键词的选择。关键词要能够表达查找资源的主题，不要选用没有实质意义的词（介词、连词、虚词）作为关键词。同时，还要注意利用同义词来约束该关键词，才能保证检索结果的全面性和准确性。确定了使用哪个搜索引擎后，最好先使用含义较广的词开始搜索，然后再逐步缩小范围。

其次，要正确使用双引号进行精确匹配。如果查找的是一个确切的词组或短语时，我们可以通过双引号把整个短语作为一个关键词，如"教师培训"。若不用引号，则凡是网页中包含"教师"和"培训"这两个关键词之一的网页都会呈现给用户，反之则只呈现包含该短语的网页，检索精确度将大幅度提高。

然后，要正确使用逻辑操作符。使用 AND（与）、OR（或）、NOT（非）等逻辑操作符。用减号"–"表示逻辑"非"操作。

最后，要明确选项界定查询。目前越来越多的搜索引擎开始提供更多的查询选项，利用这些选项可以轻松地构造比较复杂的搜索模式，进行更为精确的查询，更好地控制查询结果的显示。

第四章　信息化教学设计与效果评价

第一节　教学设计模式与过程分析

一、教学设计模式

（一）教学设计的概念与特征

"学科教学既需要教学理论指导，又需要教育（教学）技术的支撑。教学设计作为教育技术的核心内容，已经为广大基础教育教师所认可。"[①] 教学设计（ID）是以传播理论、学习理论和教学理论为基础，运用系统科学的观点和方法分析教学中的问题和需求，从而找出最佳解决方案的一种理论和方法。

教学设计具有以下三个特征：

第一，教学设计的研究对象是不同层次的教与学的系统。这一系统中包括促进学生学习的内容、条件、资源、方法、活动等。创设教与学系统的根本目的是帮助学习者达到预期的目标。

第二，教学设计的研究方法是系统方法。教学设计应用系统方法研究、探索教与学系统中各个要素及其与整体之间的本质联系，并在设计中综合考虑和协调它们的关系，使各要素有机结合起来以完成教学系统的功能。

第三，教学设计的目的是将传播理论、学习理论和教学理论等基础理论，系统地应用于解决教学实际问题，形成能实现预期功能的教与学系统。它可以是直接应用于教学过程，完成一定教学目标的教学资源（如教学教材、音像教材、学习指导手册、测试题和教师用书等），也可以是一门课的大纲与实施方案，或者是对一个单元、一节课教学计划的详细说明。

---

① 　常华锋. 学科教学设计模式的建构研究 [J]. 当代教育科学，2014（15）：13.

（二）教学设计的基本观念

1. 教学设计的系统观

系统论认为系统是由相互作用和相互依赖的若干组成部分结合而成的具有特定功能的有机整体。世界上一切事物、现象和过程都是有机整体，它们自成系统，又互为系统。

任何一个系统都可以和周围的环境组成一个更大的系统，而它的各个组成部分都可以看作子系统，系统与子系统之间具有相对性。任何一个系统都是在和环境发生物质、能量与信息的交换中变化发展的，所以保持动态稳定性和开放性是系统的本质特征。人们长期探索中，确定了以系统论的思想作为教学设计的指导思想，把教学作为系统来研究，并用系统方法来设计教学。

教学系统是教育系统的子系统，它可以是学校的全部教学工作，也可以是一门课程、一个单元或一节课的教学，或是为达到某种教学目的而实施的、有控制的教学信息传递过程。教学系统包含教师、学生、教学内容和教学媒体（物质要素）等四个基本的构成性要素。这些要素是系统运行的前提，并组成系统的空间结构。这些要素之间相互作用、相互依赖、相互制约，又构成系统输入和输出之间复杂的运行过程，也就是我们常说的教学过程。教学系统的功能就是通过教学过程运行的结果来体现的。

在教学系统之外还存在着广泛的社会系统，它是教学系统赖以存在的条件，构成了教学系统的环境，在教学设计中是不容忽视的。实际上这也是系统方法对教学设计的基本要求，但由于教学设计理论和方法本身的不完善，我们更多地关注对教学系统内部的建构，而不同程度地忽视了教学系统的开放性，忽视了教学系统与外界进行物质、能量和信息交换的过程。很显然，社会是一个大系统，教学系统只是它的一个子系统。而社会大系统中许多其他的子系统都与教育有关，它们具有提供学习资源的潜在可能性，即在这些子系统之中有各种资源可以被运用于教学系统之中。

因此，教学设计的一个重要任务就是要将教学系统（特别是学生的学习系统）与具有提供学习资源的潜在可能性的社会系统联系起来。当我们把教学系统纳入社会大系统而真正形成开放系统之后，教学设计的视野就开阔多了。比起相对封闭的教学设计来说，社会大系统给教学提供了更丰富的学习资源，而这与教育技术的核心观念是一致的，即利用一切可以利用的资源（包括人类和非人类的资源）为促进学习服务。

2. 教学设计的设计观

教学设计是一门设计学科，它植根于教学的设计实践。设计的本质在于决策、问题求解和创造。教学设计的实质就是教学问题求解，并侧重于问题求解中方案的寻找和决策过程。它不是发现客观存在的、还不为人知的教学规律，而是要运用已知的教学规律去创造性地解决教学问题。面向实际，是教学设计的一个突出标志。

教学设计和所有的设计学科一样，虽然应用了大量的科学原理、科学知识，但其基本出发点是要告诉人们达成目的的方法，提高行事效率的方法。教学设计理论是以达到教学目标作为出发点，在一定的教学条件下选择最好的教学策略。

一切设计学科的强大生命力在于它抓住了设计活动最根本的因素——人类的设计技能。教学设计也是从这种智慧和技能上去描述的一般设计过程，并提出了普遍适用的教学设计过程模式。如此一来，就为恰当应用已总结出来的现有设计方法和开发更加有效的设计方法提供了可靠依据。

教学设计是一个问题解决的过程，根据教学中问题范围、大小的不同，教学设计相应地具有不同的层次，即教学设计的基本原理与方法可用于设计不同层次的教学系统。到目前为止，教学设计一般可归纳为以下三个层次：

（1）以"产品"为中心的层次。教学设计的最初发展是从以"产品"为中心的层次开始的。它把教学中需要使用的媒体、材料、教学包等当作产品来进行设计。教学产品的类型、内容和教学功能常常由教学设计人员、教师和学科专家共同确定，有时也邀请媒体专家和媒体技术人员对产品进行设计、开发、测试和评价。

（2）以"课堂"为中心的层次。这个层次的设计范围是课堂教学，它根据教学大纲的要求，针对一个班级的学生，在固定教学设施和教学资源的条件下进行教学设计。其设计工作的重点是充分利用现有的设施和教学材料来完成目标，而不是开发新的教学材料（产品）。如果教师掌握教学设计的有关知识与技能，整个课堂层次的教学设计完全可由教师自己来完成。当然，在必要时，也可由教学设计人员辅助进行。

（3）以"系统"为中心的层次。按照系统论的观点，上面两个层次中的课堂教学和教学产品都可以看作教学系统，但这里所说的系统特指比较大、比较综合和复杂的教学系统，如一所学校或一门新专业的课程设置、某行业职业教育中的职工培训方案等。这一层次的设计通常包括系统目标的确定、实现目标方案的建立、试行和评价、修改等，涉及面广，设计难度较大，而且系统设计一旦完成就要投入范围很大的场合去使用和推广。因此，这一层次的设计需要由教学设计人员、学科专家、教师、行政管理人员，甚至包括有关学生的设计小组来共同完成。

教学设计也可以分为宏观和微观两个层次，规模大的项目如课程开发、培训方案制订等都属于宏观层次的教学设计；而对一门具体课程、一个单元、一堂课以及一个媒体材料的设计则属于微观层次的教学设计。产品、课堂、系统三个层次都有相应的教学设计模式，在具体的设计实践中，可以按照自己所面临的教学问题的层次，选用相应的设计模式。

(三) 教学设计的常见模式

模式是再现现实的一种理论化的简约形式。教学设计的模式是在教学设计的实践中逐渐形成的一套程序化的步骤，其实质是说明做什么、怎么做，而不是为什么要这样做。教学设计的模式指出了以什么样的步骤和方法进行教学设计，是关于设计过程的理论。

教学设计有许多不同模式，以下将介绍常见的教学设计模式：

1. 格兰奇和伊利模式

格兰奇和伊利模式从一开始便强调确定教学内容和阐明教学目标之间的交互作用；然后根据目标、内容对学习者的初始能力进行评定；最后，在此基础上再确定教学策略，安排教学组织形式，分配时间和空间以及选择合适的教学资源。该模式将这些方面并列起来，是为了表明它们之间相互联系和相互制约的关系。从程序上看，该模式的设计过程有四个环节：目标、学习者、策略和评价。关于对学习者行为的评价，一方面，要以目标为标准进行评价；另一方面，评价提供了关于教学效果的反馈，从而可以重新审查模式中的所有步骤，特别是检验目标和策略两个方面。

格兰奇和伊利模式的优点是执行教师很容易借助模式描述的过程来识别和确定自己的任务；缺点是它可能无意识地强化教师和管理人员保持现存的组织结构和职员配备，而不会去重新检查整个学校的运行基础。

2. 肯普模式

肯普模式的基本特点包括：①强调十个要素之间的相互联系与相互作用，一个要素采取的决策会影响其他要素的决策；②要素之间没有线条连接，表示教学设计是很灵活的过程，教师可以根据实际情况和自己的教学风格从任一环节开始，并可按照任意的顺序进行；③学习需要和学习目的在这个结构的中心位置，说明它们是教学设计的依据与归宿，各要素都要围绕它们来进行设计；④表明教学设计是一个连续过程，评价和修改作为一个不间断的活动与其他要素相联系；⑤图中的"形成性评价""总结性评价"和"修改"在环形圈内标出，这是为了表明评价与修改应该贯穿整个教学过程的始终。

3. 迪克-凯里模式

迪克-凯里模式是比较经典的第一代教学设计模式，明确了教学设计的工作程序和步骤。这些步骤就是以下十个方面：

（1）评价需求，确定目的：测量学习差距、确定完成教学后能够做什么。

（2）分析教学内容：学习者学习之前的知识技能分析。

（3）分析学习者和学习环境：学习者个性特征和学习环境分析。

（4）编写绩效目标：具体陈述学习后能够做什么。

（5）开发评价方案：即如何评价学生的学习。

（6）选择教学策略：选择合适的教学策略。

（7）开发和筛选教学材料：开发各种教学资源和材料为教学做准备。

（8）设计并实施形成性评价：实施教学并进行多方面的评价。

（9）设计并实施总结性评价：对学习者使用效果进行最终评价。

（10）修改：整理反馈资料和数据，修改教学设计。

显然，相比肯普模式，迪克-凯里模式的指导作用更加明晰。

4. ASSURE 模式

ASSURE 模式是一个有用的计划模式，它能够引导教师更好地在教学活动中选择和使用媒体和技术。该模式由以下六个部分构成：

（1）分析学习者。教学计划的第一步是弄清楚教学对象是谁，如教学对象可能是学生，也可能是参加培训的人。只有了解了教学对象，才有可能选择合适的教学媒体，实现教学目标。通常可以从以下方面来分析教学对象：教学对象的一般特征、教学对象的入门能力和教学对象的学习风格。

（2）陈述教学目标。教学目标可能来自教学大纲、教学参考书、课程标准，也可能是教师自己设计的。教学目标表述要清晰，不仅要描述学生学习之后能够做什么，还要说明在相应条件下实现这个目标，以及实现目标的程度。

（3）选择教学方法、媒体和材料。学习者分析和教学目标的精确陈述代表了教学的起点和终点，接下来就是在起点和终点之间架起桥梁，即选择合适的教学方法、媒体和材料。教学材料的获得有三种途径：①选择现有的教学材料；②修改现有的教学材料；③重新设计教学材料。

（4）使用媒体和材料。首先，要浏览教学材料，演示完整的教学过程；其次，保证所选择的媒体和材料在未来的教学场所能够无障碍地使用。

（5）要求学习者参与。教学过程中应该安排不同的教学活动，让学习者有机会联系其所学习的知识或技能。

（6）评价与修正。教学完成后，教师需要对教学的效果以及学习者的学习结果作出评估。需要思考：学习者教学目标完成度，教学过程中所选择的教学方法、媒体是对于教学目标的达成的程度，教学材料对于所有的学习者的适应程度。

综合以上的教学设计模式，虽然它们有不同的设计过程和要素，但都包含共同的部分，即分析教学对象、制定教学目标、选择教学策略、实施教学过程、开展教学评价。

5. 教学设计的一般模式

教学设计过程既是系统化的过程，又是充满创造性的过程。对于教育工作者而言，首先应把握教学设计过程的基本环节，掌握教学设计的基本过程，才有可能在此基础上不拘泥于基本规范进行创新。教学设计的一般流程由这些环节构成：①学习需要分析；②教学内容分析；③学习者分析；④教学目标的编写；⑤教学策略的制定；⑥教学媒体的选择和利用；⑦教学设计成果的评价。各环节相互联系、相互制约，组成一个有机的教学系统。

二、教学设计过程

（一）学习需要分析

教学设计是一个问题解决的过程，只有发现了问题，认清了问题的本质才能着手对它进行解决。学习需要分析的目的就是发现教学中存在的和需要解决的问题。

1. 学习需要与学习需要分析

在教学设计中，学习需要是一个特定概念，指学习者学习情况目前的状态与所期望达到的状态之间的差距，或者说，是学习者目前水平与期望达到的水平之间的差距。差距指出了学习者在能力素质方面的不足，指出了教学中实际存在和要解决的问题，这正是经过教育或培训可以解决的学习需要。

学习需要分析是指通过系统化的调查研究，发现教学中存在的问题，并通过分析问题产生的原因确定问题的性质，论证解决该问题的必要性和可行性。其核心是发现问题，而不是寻求解决问题的方法，具体包括三个方面的工作：①通过调查研究，分析教学中是否存在要解决的问题；②分析所存在的问题的性质，以判断教学设计是不是解决这个问题的合适途径；③分析现有的资源及约束条件，以论证解决该问题的可能性。

2. 学习需要分析的重要性

通过学习需要分析，我们可以获得有关"差距"的资料和数据，由此可形成教学设计的总目标（即解决了"为什么"和"是什么"）。有了总目标，就可以寻找相应的解决问题的方法，即达到目的的手段（解决"如何"），从而最终解决问题。假设没有搞清楚真正的问题所在，后续工作就难免陷入盲目。可见，这个总目标是教学设计的一系列后续步骤（如教学内容的分析、教学目标的编写、教学策略的制定、教学媒体的选择与应用等）的重要依据。所以，学习需要分析得成功与否，总目标是否明确，直接影响到教学设计各部分工作的方向和质量。

学习需要分析论证了教学设计是否是解决问题的必要途径，以及在现有资源和约束条件下是否可以解决问题。这就避免了动用大量人力、物力进行教学设计而效果不佳的情况，也避免了动用大量人力、物力进行教学设计但在现有条件限制下不能实施，甚至是学生已经具备相关知识和技能而不需要教学的情况。所以说，通过学习需要分析，可以让教师与学生的精力、时间以及其他资源被有效利用，以解决教学中真正的问题，从而提高整个教学效益。

3. 学习需要分析的基本步骤和方法

（1）学习需要分析的基本步骤。

第一，规划。规划包括确定分析对象、选择分析方法（如内部参照法或外部参照法）、确定收集数据的技术（包括问卷调查、量表评估、面谈、小组会议及案卷查询）、选择参与学习需要分析的人员。

第二，收集数据。收集数据不可避免地要考虑样本的大小和结构。样本必须是每一类对象中具有代表性的个体。此外，收集数据还应包括日程的安排以及分发、收集问卷等工作。

第三，分析数据。对收集到的数据，教学设计者必须进行分析，并根据经济价值、影响、呈现的频数、时间顺序等对分析的结果予以优化选择和排列。

第四，写出分析报告。分析报告应该包括：概括分析研究的目的，概括描述分析的过程和分析的参与者，用表格或简单的描述说明分析的结果，以数据为基础，提出必要的建议。

（2）学习需要分析的基本方法。学习需要分析的基本方法有内部参照需要分析法和外部参照需要分析法，两者的主要区别在于目标参照系不同。

内部参照需要分析法是由学习者所在的组织机构内部用已经确定的教学目标（期望状态），与学习者的学习现状做比较，找出两者之间存在的差距，从而鉴别出学习需要的一种分析方法。

外部参照需要分析法是根据机构外社会的要求（或职业的要求）来确定对学习者的期望值，以此为标准衡量学习者的学习现状，找出差距，从而确定学习需要的一种分析方法。

内部参照需要分析法通常比较适用于我国普通学校的教育教学。运用该方法需要注意：①学习者的期望状态是既定的，体现为教育组织机构在学科教学大纲中所规定的教学目标；②把期望的状态用可测量的行为术语描述出来，使教学目标具体化，形成完备的指标体系；③重点收集能够反映学习者目前状态的资料和数据，收集方法可采用测验、问卷调查、座谈等。

运用内部参照需要分析法分析学习需要往往局限于教育系统内部，即在某一特定教育或培训组织机构所规定的教学目标之内考虑教学设计问题，而对该目标的设定与社会实际要求是否相符却不够关心。因此，为避免教学活动与社会要求脱节，内部参照需要分析法和外部参照需要分析法需要结合起来使用。

外部参照需要分析法揭示的是学习者目前的状况与社会实际要求之间存在的差距，其特点是以社会目前和未来发展的需要作为准则和价值尺度去揭示教育教学中存在的问题，从而制定出教育教学目标。因为这种方法的期望值是根据社会需要而制定的，所以首先要收集、确定与期望值相关的社会需求信息。

收集信息主要途径有：①对毕业生进行跟踪访谈、问卷调查，听取他们对社会需求的感受，以及工作后对学校教育或培训教学的意见和建议，从中不仅可以获得关于社会期望的信息，也可获得关于学习者现状的信息；②分析毕业生所在单位对毕业生的工作考核，了解他们对职工的要求和对毕业生的评价，进而了解社会需求及其要求改进学校教学的信息；③设计问卷并发放到与专业相关的工作单位，以得到社会对人才能力素质的需求信息；④深入工作第一线做现场调研，以获得对人才能力素质需求的第一手信息；⑤进行专家访谈，以了解专家对社会目前及未来发展对人才需求的看法。

有关学习者现状信息的收集方法与内部参照需要分析法相同，不再论述。

综上所述，可知两种方法的主要区别是期望值的参照系不同，以及由此带来的信息收集方法也略有差异。相对来说，内部参照需要分析法容易操作，省时省力，但无法保证机构内部目标的合理性；而外部参照需要分析法，操作上比较难，要耗费大量的精力和时间，但能保证所定目标与社会需求直接发生联系，因而有其合理性。在实际运作时，可采取内外结合的方法。也就是根据外部社会需求调整修改已有的教学目标，并以修改后的目标所提出的期望值与学习者的现状相比较找出差距。

另外，运用内部参照需要分析法与外部参照需要分析法，可以揭示学习者现状与期望之间存在的差距，发现教学中存在的问题，并认真进行探讨，解决教学设计的必要性问题。

在确定学习需要时，首先，根据期望值具体化而形成的指标体系，对学生目前的水平

——进行测量，得出一系列用行为术语描述差距的问题序列；其次，针对这些差距进一步思考，通过对问题的推敲，可以发现知识、技能、态度方面的教学只是形成教学问题的众多原因之一；最后，不是所有的教学问题都值得和必须进行教学设计，因此，在开展教学设计的初期，必须认真分析问题产生的真正原因，确定问题的性质。忽略这些就将使整个教学设计流于形式，陷入盲目决策之中，什么问题也解决不了。

4. 学习需要分析中应注意的问题

在学习需要分析过程中应注意的问题包括：①学习需要是指学习者的需要（即学习者的现状与期望之间存在的差距），而不是教师的需要，更不是对教学过程、手段的具体需要；②获得的数据必须真实、可靠地反映学习者和有关人员的情况，包括现在和将来应该达到的状况，切忌仅凭主观想象或感觉来处理学习需要问题；③注意对参加学习需要分析的所有合作者（包括学习者、教育者、社会人士三个方面）的价值观念进行协调，以取得对期望值和差距尽可能接近的看法，否则我们得到的数据将会无效；④要用学习行为结果来描述差距，而不是用过程（手段），要避免在确定问题之前就急于寻找解决的方案；⑤需要分析是一个永无止境的过程，在实践中要经常对学习需要的有效性提出疑问和进行检验。

（二）教学内容分析

教学内容是指为实现教学目标，要求学习者系统学习的知识、技能和行为经验的总和。分析教学内容是为了规定教学内容的范围、深度及教学内容各部分的联系，回答"学什么"的问题。

教学内容有一定的结构层次。为了论述的方便，将教学内容划分为课程（指狭义的课程）、单元和项目（项目可以是一个知识点，也可以是一项技能等）等层次。

教学内容分析一般可采用以下步骤：

1. 选择与组织单元

为实现一门课程总的教学目标，学习者必须学习一些内容（即必须完成哪些学习任务），首先要从单元层次开始。单元作为一门课程的内容划分单位，一般包括相对完整的学习任务。在这些单元学习任务中，哪些应先学，哪些应后学，关系到对各单元的顺序安排。通过选择与组织单元，可确定课程内容的基本框架。

2. 确定单元目标

单元目标是一个单元的教学过程结束时所要得到的结果，说明学习者学完本单元的内容以后应该能做什么。确定单元目标后，课程目标就具体化了。

3. 确定学习任务的类别

根据单元目标的表述，我们可以区别学习任务的类型，一般可分为认知、动作技能和态度情感三大类。这项工作被称为任务分类。

4. 评价内容

在对各单元的学习任务做进一步的内容分析之前，有必要论证所选出的教学内容的效度，看是否为实现课程目标所必需的。

5. 分析任务

分析任务是指要对各单元的学习任务逐项进行更深入细致的分析：为实现单元目标，学习者必须学习一些具体的知识与技能，并了解知识与技能之间存在的联系等。对不同类型的学习任务，需运用不同的任务分析方法。

6. 进一步评价内容

这一步是对任务分析的结果以及已确定的知识与技能及其联系进行评价，删除与实现单元目标无关的部分，补充所需要的内容。

对教学内容的分析，可进一步深入下去。在这项工作中，学科教师、学科专家、职业培训专家等负责确定教学或培训的内容，对内容的思想性和科学性进行把关。教学设计者在内容的选择上不能代替学科教师、学科专家的作用，他们的主要任务是：运用有关教学内容分析的理论与方法，用"提问题"等方式主动配合学科教师、学科专家，共同研究，使教学内容的选择与组织符合教学目标的要求。

教学设计者尽管不决定"教什么"，但能运用教育心理学的有关理论与方法帮助学科教师更科学、更系统地解决这一问题。随着科学研究的深入，交叉学科不断涌现，新的跨学科的教学计划需要不同学科专家共同开发。这种情况下，教学设计者的作用将会更加突出。

(三) 学习者分析

教学系统设计的产品是否与学习者的特点相匹配，是教学系统设计成功与否的关键之一。因为一切教学过程只有从学生的实际出发才能成功和优化。学习者分析的目的是了解学习者的学习准备和学习风格，为后续的教学设计步骤提供依据。虽然教学设计者不可能对每个学习者的心理因素、生理因素、社会经济因素等都进行分析，但是必须了解那些对决策起重要作用的心理因素。

1. 学习准备的分析

学习准备是学习者在从事新的学习时，原有的知识水平和心理发展水平对新的学习的适应性。教学的成功在很大程度上取决于学生的准备状态，而且任何教学都是以学生的准备状态作为出发点的。学习准备包括两个方面：①学习者从事该学习的心理、生理和社会的特点，包括年龄、性别、学习动机、个人对学习的期望、工作经历、生活经验、经济、文化、社会背景等一般特征；②学习者已经具备的与即将学习的特定学科内容相关的知识技能基础和态度。

（1）认知发展水平分析。儿童个体认知发生和发展的过程划分为以下四个阶段：

第一，感知运动阶段（0至2岁），这一阶段是智力与思维的萌芽阶段。

第二，前运算阶段（约2至7岁）。在这一阶段的发展过程中，儿童头脑中有了事物的表象，而且能用词语表达头脑中的表象。他们能进行初级的抽象，能理解和使用初级概念及其相互之间的关系。所谓初级概念，是指儿童从具体实际经验中学得的概念。因此，他们能设想过去和未来的事物。然而由于在他们的认知结构中，知觉表象占优势，所以他们主要运用形象思维和直觉思维。

第三，具体运算阶段（约7至11岁）。这个阶段，儿童的思维水平有了质的变化，不像前运算阶段的儿童主要凭知觉表象考虑问题，他们的认知结构中已经有了抽象概念，能进行逻辑推理。他们逐渐能进行第二级抽象，能理解和使用第二级概念及其关系。所谓第二级概念，是指儿童通过原有的概念，以下定义的方式所获得的概念。但在获得与使用第二级概念时，他们需要实际经验作支持，借助具体事物和形象来进行逻辑推理。

第四，形式运算阶段（约11至15岁）。随着认知发展从具体逐渐向抽象过渡，日益趋于认知成熟的儿童逐渐摆脱实际经验的支持，开始能够理解并使用相互关联的抽象概念。其思维特征表现为假设演绎思维和逻辑推理能力日益增强。

学习者的认识和思维发展过程都是从具体到抽象。教学设计中应将具体的事物或概念作为认识抽象事物的基础，引导学习者的思维向抽象的逻辑思维发展。

（2）一般特征分析。在教学设计中，常常需要分析学习者的一般特征，尽管这些特征与具体学科内容无直接联系，但能对学习内容的选择和组织、教学方法和教学媒体的选择与运用提供帮助。例如，教学对象的阅读能力较差，可以考虑多使用视听资料。

第一，小学生智能和情感发展的一般特征。小学生思维具备初步逻辑的或言语的思维特点，这种思维具有明显的从具体形象思维到抽象逻辑思维的过渡性——低年级学生思维具有明显的形象性，也具有抽象概括的成分，二者的相互关系随着年级高低和不同性质智力活动而变化。到小学高年级时，学生逐步学会区别概念中本质和非本质的属性、主要和次要的属性，学会掌握初步的科学定义，学会独立进行逻辑论证，但是这些都离不开直接和感性的经验。因此，在小学教学中要注意引导学生从以具体事物表象为主要形式的具体现象思维逐步过渡到以言语概念为主要形式的抽象逻辑思维。对小学生来说，逻辑思维在很大程度上仍然是直接与感性经验相联系，带有很大成分的具体形象性。但也要注意到对于不同的学习对象、不同的学科，上述一般发展趋势常表现出很大的不一致性。要把握思维由具体形象到抽象逻辑过渡的"关键年龄"，一般认为这一"关键年龄"出现在四年级前后（约10至11岁），若教育条件适当，也可能提前到三年级。

小学生在情感方面的自居作用、模范趋向和自我意识有较快的发展，学习动机多倾向于兴趣型，情绪发展的主要矛盾是勤奋与自卑的矛盾，意志比较薄弱，抗诱惑能力差，需要更多外控性的激发、辅助和教导。

第二，中学生智能和情感发展的一般特征。在中学阶段，学生思维能力迅速得到发展，他们的逻辑思维处于优势地位，表现出五个方面的特征：①通过假设进行思维。能按照提出问题、明确问题、提出假设、检验假设的途径，经过一系列抽象逻辑思维过程来实现解决问题的目的。②思维的预计性。在复杂的活动前事先考虑诸如计划、制订方案和策略等预计因素。③思维的形式化。中学生思维成分中形式运算思维已逐步占据优势。④思维活动中，自我意识或监控能力明显增强。中学生能反省和自我调节思维活动的进程，使思路更加清晰、判断更为准确。⑤创造性思维迅速发展，追求新颖、独特的因素，追求个性色彩、系统性和结构性。初中生抽象逻辑思维虽占优势，但很大程度上还属于经验型，需要感性经验的直接支持。而高中生的抽象逻辑思维则属于理论型，他们能够用理论作为指导来综合分析各种事实材料，从而不断扩大自己的知识领域。他们还能掌握一般到特殊的演绎过程和特殊到一般的归纳过程。思维从经验型向理论型转化是从初二年级开始的，这是一个关键年龄段，到高二年级学生思维则趋向定型、成熟。和小学生一样，中学生的智力与能力发展也存在着不一致性。

在情感方面，初中阶段和高中阶段有不同的特征。初中阶段，学生自我意识逐渐明确，他们富于激情，感情丰富，爱冲动，爱幻想；开始重视社会道德规范，但对人和事的评价比较简单和片面；在对知、情、意的自我调控中，意志行为日益增多，抗诱惑能力日益增强，但高层调控仍不稳定。高中阶段，学生的独立性、自主性日益增强，成为情感发展的主要特征；意志行为越来越多，他们追求真理、正义、善良和美好的东西；高层自我调控在行为控制中占主导地位，即一切外控因素只有内化为自我控制时才能发挥其作用。另外，从初中到高中学习动机也由兴趣型逐渐转为信念型。

第三，大学生智能和情感发展的一般特征。大学生在智能发展上呈现出进一步成熟的一系列特征。他们的思维有了更高的抽象性和理论性，并由抽象逻辑思维逐渐向辩证逻辑思维发展；观察事物的目的性和系统性进一步增强，并能掌握事物本质属性的细节特征；思维的组织性、深刻性和批判性有了进一步的发展，独立性更强；注意力更为稳定，集中注意的范围也进一步扩大。

大学生在情感方面已有明确的价值观念，社会参与意识很强，深信自己的力量能加速社会的进步与发展，学习动机倾向于信念型，自我调控也已建立在日趋稳定的人格基础上。

分析各年龄阶段学生发展的一般特征有助于教学设计。以小学高年级学生的视听教材编制为例，这些儿童正处于从具体运算阶段向形式运算阶段过渡。据此，教学应以学生原有的经验为基础，教学内容和方法应从具体形象入手，创设必要的情景，采用比较、分析、综合的方法，逐步引导学生学习抽象概念，培养学生的逻辑思维能力。又如，假定人们要根据学生的年龄特征和性格差异来培养学生的学习动机，那么，对于小学生与初中生，就要注意教学的新颖性，以激起他们的学习兴趣，并多采用鼓励的方法来培养学生的近景性学习动机，使具体的学习活动和学习效果的反馈密切相关；而对于高中以上的学生，还要增加世界观教育、传统教育和爱国主义教育，使他们逐步建立起以人民利益为出发点的远景性学习动机，为建设祖国而发奋学习。

2. 学习风格的分析

在各种学习情境中，每一个学习者都必须自己感知信息，对信息做出处理、储存和提取等反应。而学习者之间存在着生理和心理上的个体差异，不同学习者获取信息的速度不同，对刺激的感知及反应也不同。要实现真正意义上的个别化教学，必须为每一个学习者提供适合其特点的学习计划、学习资源和学习环境，这是教育研究人员长期以来梦寐以求的目标之一。媒体技术的发展和教学资源的丰富与共享，使大规模地开展个别化教学成为可能。为了使教学符合学习者的特点，就需要对学习者的学习风格进行分析。

（1）学习风格的概念。学习者的学习风格可划分为具体—序列、具体—随机、抽象—序列和抽象—随机四种类型：①具体—序列型的学习者喜欢通过直接的动手经验学习，希望教学组织得井然有序；对这类学习者来说，采用学习手册、程序教学、演示和有指导的实验进行教学，效果最佳。②具体—随机型的学习者能通过试误法，从探索经验中迅速得出结论；他们喜欢教学游戏、模拟，愿意独立承担设计项目。③抽象—序列型的学习者善于理解以逻辑序列呈现的词语或符号信息；他们喜欢通过阅读和听课的方式进行学习。④抽象—随机型的学习者特别善于从演讲中抓住要点，理解意思，并能对演讲者的声调和演说风格作出反应；对这类学习者来说，参加小组讨论、听穿插问答的讲授或是看电影和电视，可以取得较好的学习效果。

学习者的学习风格也可划分为善于想象的、善于吸收的、善于逻辑推理的、善于调和的。具体如下：①善于想象的学习者喜欢吸收具体的信息进行思维加工，并对他们看到的事物进行概括；②善于吸收的学习者则从抽象的概念出发进行思维加工，他们边思考边看；③善于逻辑推理的学习者从经验中抽象出信息并进行积极加工，他们从一个观念出发，然后通过试验去验证；④善于调和的学习者感知具体信息并进行积极加工，他们是感觉者、试探者和操作者。

对教材学习有影响的认知风格中最为重要的因素是：学习者倾向于成为概括者还是成为列举者，或倾向于成为这两者之间的一类。概括者注重观念的整体方面，而列举者则注重其个别方面。因为不同的风格对信息加工和储存有不同的影响，所以对意义学习和保持具有预示的含义。

（2）教学设计中如何把握学习风格。教学设计者为了向学习者提供适合其特点的个别化教学，最好能掌握下列有关学习者的情况：

第一，信息加工的风格。信息加工的风格包括类型有：用归纳法呈现教材内容时学习效果最佳，喜欢高冗余度，喜欢训练材料中有大量正面强化手段，喜欢使用训练材料主动学习，喜欢通过触觉和动手活动进行学习，喜欢自定学习步调等。

第二，感知或接受刺激所用的感官。在这方面，不同学习者有不同的风格，如通过动态视觉刺激（如电视、电影）学习效果最佳，喜欢通过听觉刺激（如听讲、录音）学习，喜欢通过印刷材料学习，喜欢多种刺激同时作用的学习等。

第三，感情的需求。需要经常受到鼓励和安慰，能自动激发动机，能坚持不懈，具有责任感。

第四，社会性的需求。喜欢与同龄同学一起学习，需要得到同龄同学经常性的赞许，喜欢向同龄同学学习。

第五，环境和情绪的需求。喜欢安静，希望有背景声或音乐，喜欢弱光和低反差，喜欢一定的室温，喜欢学习时吃零食，喜欢四处走动，喜欢视觉上的隔离状态（如在语言实验室座位中学习），喜欢在某一特定时间学习，喜欢某类座椅等。

（四）教学目标的编写

学习目标的重点应说明学习者行为或能力的变化。

1. 学习目标编写的基本要求

一个学习目标应包括三个基本要素：①行为，分析学习者学习后的行动，以便教师能观察学习者的行为变化，目标达成情况；②条件，说明上述行为的产生条件；③标准，指出合格行为的最低标准（或行为改变的程度）。

三要素模式编写的学习目标明确具体，能清楚地告诉人们，学生将获得的能力，以及观察和测量这种能力的方式。因此，"行为""条件""标准"三要素模式至今仍为教育界所接受。

在教学设计的实践中，在三要素基础上编写学习目标，得到基本要素简称 ABCD 模式：A 指对象，即应阐明教学对象；B 指行为，即应说明通过学习以后，学习者能够做什么（行为的变化）；C 指条件，即应说明上述行为在什么条件下产生；D 指标准，即应规定达到上述行为的最低标准（即达到所要求行为的程度）。

在实际运用中，往往不需要也不可能完全机械地按上述要求编写学习目标。

2. 学习目标编写的具体方法

以下先根据 ABCD 模式讨论学习目标的具体编写方法，然后介绍一种为弥补行为目标不足而提出的兼顾外显行为变化和心理过程变化的编写方法。

（1）对象的表述。学习目标的表述中应注明教学对象，如"小学三年级上学期的学生""参加在职培训的技术人员"等。

（2）行为的表述。行为的表述是学习目标中最基本的部分，主要说明学习者在教学结束后应该获得什么样的能力。用传统方法表述学习目标时，较多使用"知道""理解""掌握""欣赏"等动词来描述学习者将学会的能力，如果需要，再加上表示程度的状语，以反映教学要求的提高。这些词语的含义较广，可从不同角度理解，因而使目标的表述不明确，给以后的教学评价带来困难。这些词语可用来表述总括性的课程目标和单元目标，但在编写学习目标时应避免使用。

描述行为的基本方法是使用一个动宾结构的短语，其中行为动词说明学习的类型，宾语则说明学习的内容。因为学习目标中的行为应具有可观察的特点，所以描述行为较困难的是行为动词的选用。在编写认知学习目标、动作技能学习目标和情感学习目标时可供选用的动词表作为参考，有些动词的含义还需根据上下文确定。

（3）条件的表述。条件表示学习者完成规定行为时所处的情境，即说明应在哪种情况下评价学习者的学习结果。条件包括这些因素：①环境因素（空间、光线、气温、室内外噪音等）；②人的因素（个人单独完成、小组集体进行、个人在集体的环境中完成、在教师指导下进行等）；③设备因素（工具、设备、图纸、说明书、计算器等）；④信息因素（资料、教科书、笔记、图表、词典等）；⑤时间因素（速度、时间限制等）；⑥问题明确性因素（为引起行为的产生提供什么刺激及刺激的程度）。

（4）标准的表述。标准是行为完成的质量可被接受的最低程度的衡量依据。对行为标准作出具体描述，是为了使学习目标具有可测量的特点。标准一般从行为的速度、准确性和质量三个方面来确定，例如：①在 1 分钟以内准备好必需的消防器材（速度）；②测量血压，误差在 5mm/Hg 以内（准确性）；③加工件质量要达到国家 H 级标准（质量）。

（5）基本部分与选择部分。在一个学习目标中，行为的表述是基本部分，不能省略。相对而言，条件和标准是两个可选择的部分。在职业技术培训中，学习目标往往需要指明条件和标准，提出最低的教学要求。如不提供标准，则一般认为要求学习者达到 100% 的正确率。

（6）内外结合的表述。行为目标虽然避免了用传统方法表述目标的含糊性，但它本身也有缺点：只强调了行为结果，而未注意内在的心理过程，因而可能引导人们只注意学习者外在行为变化而忽视其内在的心理和情感变化。因此，描述内部心理过程的术语不可缺少，需运用内外结合的方法来表述学习目标。

先用描述内部心理过程的术语来表述学习目标，以反映理解、运用、分析、创造、欣赏、尊重等内在的心理变化，然后列举反映这些内在变化的例子，从而使这些内在心理变化可以被观察和测量，这就是用内部过程与外显行为相结合以描述学习目标的方法。

3. 情感学习目标的编写

培养学习者的某些态度、建立起一定的观念、养成一定的好习惯、形成高尚的道德品质等，都是情感学习目标，在教育中占有重要地位。

为情感领域的教学编写具有可观察性和可测量性特点的学习目标是非常困难的。通常，人们只能通过学习者的言行（这是可以观察的）来间接推断学习目标是否达到，即把学习者的具体言行看成思想意识的外在表现。

在一些具体的言行上，当学习者有积极持久的表现时，就说明他们树立了集体观念。如果表现出消极或反对的情绪，则说明学生可能没有培养起热爱集体的态度。我们把学习者的积极表现称为接近意向，把消极表现称为回避意向。当然，接近意向也仅仅说明学习目标可能已经达到，并不能直接测量学习目标达到的程度。

一般说来，提出情感学习目标中的主体要求较容易，如"提高学生对国画的鉴赏力"，但从哪些具体方面来判断目标是否达到，则需要学科教师和教学设计者共同研究。可以从以下方面来测量学习者的接近意向：①学习者表示喜欢这类活动；②在各种活动中，学习者选择参加这类活动；③学习者带着热情参加这类活动（如愿承担义务、遵守有关规定等）；④学习者很有兴趣与他人讨论这类活动；⑤学习者鼓励他人参加这类活动。

有时，人的认识和情感变化并不是参加一两次教育活动以后即能见效的，教师也很难预期通过一定的教育活动后学生的内部心理过程将产生什么变化，这种情况在情感教育方面尤为明显。为了弥补上述编写方法的不足，提出了表达性目标。表达性目标要求明确规定学习者应参加的活动及情境，但不提出可测量的学习结果。表达性目标还可能包括学习者的自我发现和创造发明。尽管这种目标不精确规定学习者应从教学活动中习得什么，但至少有助于我们认识总的教学目标中的情感教学的内容，使我们能着手研究实现目标的方法。表达性目标可以作为学习目标的一种补充。

（五）教学策略的制定

1. 教学内容的处理策略

通过对学习需要进行分析，可以揭示出教学（或培训）中存在的问题及其主要原因，据此确定教学设计的课题，并提出总的教学目标。为了保证教学目标的实现，教学必须有正确的、合乎目的的内容。教学内容的范围指学习者必须达到的知识和能力的广度，深度则规定了学习者必须达到的知识深浅程度和能力的质量水平。明确教学内容各组成部分之间的联系，可以为教学顺序（所谓教学顺序，是指把这些规定了广度和深度的知识与技能，用便于学习者理解和接受的形式加以序列化）的安排奠定基础。所以，教学内容的安排既与"学什么"有关，又与"如何学"有关。

（1）教学内容选择的处理策略。它的重点是讨论单元的选择，因为教师一般按单元组织教学。单元是一门课程内容的划分单位。由于学科的特点不同，单元的划分也不同。如语文课程的单元通常指一组体裁相同的课文；数学课程的单元相当于教材的一章，大致是某类数学问题；而外语课程的单元则是教材中的一课。一个单元的内容有相对的完整性。单元实质上反映了课程编制者或教师对一门学科结构的总的看法，以及在此基础上对这种结构按教学要求所做的分解和逻辑安排。普通教育中，选择教学内容一般由学科教师或学科教材专家负责。

（2）教学内容的安排。教学内容的安排是对已选定的学习任务进行组织编排，使其具有一定的系统性或整体性。在一门课程中，各单元教学内容之间的联系一般有三种类型：①相对独立，各单元在顺序上可互换位置；②一个单元的学习构成另一个单元的基础，这类结构在序列上极为严密；③各单元教学内容的联系呈现为综合型。在组织教学内容时，首先要搞清楚各项学习任务之间的联系。

组织教学内容要重视以下四点：①由整体到部分，由一般到个别，不断分化；②确保从已知到未知；③按事物发展的规律排列；④注意教学内容之间的横向联系。

（3）教学内容分析的方法。分析教学内容的基本方法有归类分析法、图解分析法、层级分析法、解释结构模型法，具体如下：

第一，归类分析法。归类分析法主要是研究对有关信息进行分类的方法，旨在鉴别为实现教学目标所需学习的知识点。如一个国家的省市名称可按地理区域的划分来归类，人体外表各部位的名称可由上向下，按头、颈、躯干、上肢、下肢进行分类等。确定分类方法后，或用图示，或列提纲，把实现教学目标所需学习的知识点归纳成若干方面，从而确定教学内容的范围。

第二，图解分析法。图解分析法是一种用直观形式揭示教学内容要素及其相互联系的方法，用于对认知教学内容的分析。图解分析的结果是一套简明扼要、提纲挈领地从内容和逻辑上高度概括教学内容的图表或符号。如历史教学中，可以用几条带箭头的线段及简洁的数字、符号来剖析一次著名战役的全过程，其起因、时间、地点、参战各方人数、结果等都被反映在图解之中。这种方法的优点是，使分析者容易觉察内容的残缺或多余部分以及相互联系中的割裂现象。

第三，层级分析法。层级分析法是用来揭示教学目标所要求掌握的从属技能的一种方法。它是一个逆向分析的过程，即从已确定的教学目标开始考虑，在层级分析中，各层次的知识点具有不同的难度等级——越是在底层的知识点，难度等级越低（越容易），越是在上层的难度越大；而在归类分析中则无此差别。层级分析法的原则虽然较为简单，但是具体做起来却不容易。它要求参加教学设计的学科专家、学科教师和教学设计者熟悉学科内容，了解教学对象的原有能力基础，并具备较丰富的心理学知识。

第四，解释结构模型法。解释结构模型法是分析和揭示复杂关系结构的有效方法，它可以将系统中各要素之间复杂、零乱的关系分解成清晰的多级递进的结构形式。解释结构模型法包括三个操作步骤：①抽取知识元素，即确定教学子目标；②确定各子目标之间的直接关系，做出目标矩阵；③利用目标矩阵得出教学目标形成关系图。当分析的各级教学目标不具有简单的分类学特征，或者其中的概念从属关系不太明确，也不属于某个操作过程或某个问题求解过程时，要想通过上面所述的三种方法直接求出各级教学目标之间的形成关系是很困难的，这时就要使用解释结构模型法。

（4）教学内容选择与组织的初步评价。在各单元目标确定以后，为保证所选择的教学内容与学习需要相符合，教学设计者应重视对教学内容的选择和组织进行评价。在教学设计的初期，可从这些方面评价：①所选择的教学内容；②各单元的排列顺序与本学科逻辑结构的关系及其所体现的学习理论或教学理论；③各单元的排列顺序对于学生的心理发展的影响；④各单元的排列顺序对教学或培训的实际情况的符合情况；⑤学习者已掌握的内容和教学（培训）开始时间。

参加初步内容评价的应包括有关学科专家、有实际教学经验的教师、有关行业的专家和学生代表等。他们反映的意见与建议可能是教学设计者和参加教学设计的学科内容专家所忽略的。初步评价的工作不仅有助于避免在无关内容上花费时间与精力，更重要的是可以使学习需要、教学目标、教学内容及教学评价四者保持一致，保证教学的效果和效益。在评价过程中，卡片是一种有效的展示工具。教学设计者把课程目标、单元教学内容与单元目标分别呈现在不同颜色卡片上，按一定的顺序将其展示在专门设计的计划板上，使参加评价的人对整个课程内容要点一目了然。卡片便于根据各个评价者的意见及时增删、修改内容，并调整各项内容之间的联系。

2. 教学方法的选择策略

教学活动是教师和学生为了达到预定的教学目标，在教学理论与学习理论指导下，借助适当的教学手段和教学方法而进行的师生交互活动。它既有教师教的行为，又有学生学的行为，而且两者相辅相成。可见，无论按照哪一种教学模式来开展教学活动，都离不开具体教学方法的支持。采用教学方法的目的在于引发学生的求知欲，维持他们的兴趣和注意力，以学生可接受的方式呈现教材，强化和调节学生的行为及解决学生的学习障碍。

（1）教学方法概述。在教学论中，教学方法问题是一个十分重要的问题，研究者们对其相当重视。教学方法主要包括讲授法、谈话法、演示法、讨论法、实验法等。随着对教学方法和技能研究的深入，人们在这方面的认识逐渐细化，便将教学方法与技能归纳如下：

第一，讲授法：讲述、讲解、讲读、讲演。

第二，演示法：实物或模型演示、实验演示、文字演示、图片演示、幻灯投影演示、电影电视演示、多媒体演示。

第三，提问法：低级认知提问（回忆提问、理解提问、运用提问）、高级认知提问（分析提问、综合提问、评价提问）。

第四，反馈法：课堂观察法（环视法、虚视法）、课堂提问法、课堂考查法。

第五，强化法：语言强化、活动强化、符号强化、接触与接近强化。

第六，板书技能：提纲式、词语式、表格式、线索式（流程式）、图示式、总分式（括弧式）、板图式。

第七，教态变化技能：身体动作、面部表情、眼神、适当的停顿、声音变化。

第八，导入技能：复习导入、直观演示导入、实验演示导入、实际问题导入、悬念导入、故事导入、逻辑推理导入、审题导入、知识衔接与转折导入。

第九，组织教学技能：管理性组织、指导性组织、诱导性组织。

在运用这些教学方法与技能时，应该注意到，在教学方法的研究与应用方面还存在一些问题，明确这些问题有助于在教学设计实践中发展教学方法。这些问题包括：①教学方法分类过于一般化，缺乏针对性，如"讲解"和"讨论"，"归纳"和"演绎"，"发现"和"接受"等。②对学法不重视。既然教学是教与学的双边活动，就应该既包括教法，也包括学法，但是目前的教学方法都仅仅是从教师活动方面来说的。③对信息技术条件下的教学方法缺乏研究。

（2）教学方法的选择和有机组合。一般教学论著作中对选择教学方法的原则均有论述，认为应该根据教学目标、学生特点、学科特点、教师特点、教学环境、教学时间、教学技术条件等诸多因素来选择教学方法。

要实现教学方法的优化，除了需要依据一定的原则，还需要考虑适当的选择程序。通过调查研究，归纳出教师在选择教学方法时的一般决策步骤包括：①决定是选择由学生独立地学习该课题的方法，还是选择在教师指导下学习教材的方法；②决定是选择再现法，还是选择探索法；③决定是选择归纳的教学法，还是选择演绎的教学法；④决定关于口述法、直观法和实际操作法三者如何结合的问题；⑤决定关于激发学习活动的方法选择问题；⑥决定关于检查和自我检查的方法选择问题；⑦认真考虑所选择的各种方法相结合时的不同方案。

人们将教学方法分成若干类别，目的是为了使各类教学目标都能有相应的教学方法保证其得以实现，而不至于某些目标在教学设计中被忽视或偏废，但这并不意味着各种教学方法只能各司其职，分开使用。相反，各种教学方法结合起来使用更能达到事半功倍的效果。当然，这是制定教学策略中的一个难点。

教学方法的整体效应与多种教学方法在教学过程中的相互联系、相互作用有关。这种联系和作用可以是并列的，即同时采用几种教学方法，如教师演示实物，同时用语言描述它，并画出结构图，写出每一部分的名称，学生也进行相应的活动；也可以是连贯式的，即一种活动方式结束之后再开始另一种，如采用演示—讨论—讲授的组合法，讲授—实验—讨论的组合法，谈话—讲授—练习的组合法等。运用教学方法的主体是任课教师，教学设计人员在这方面只是提出建议，不必硬性规定。教师可以在谙熟各种教学方法特点的基础上，根据不同的教学目标、教材、学生和环境，组合出不同的教学方案。教师的创造性在教学方法的组合与灵活运用方面能够得到最充分的发挥。

（六）教学设计成果的评价

教学设计包括对解决教学问题的预想方案进行评价和修改的内容。评价是修改的基础，是教学设计成果不断完善的调控环节。教学评价是指以教学目标为依据，制定科学的标准，运用一切有效的技术手段，对教学活动过程及其结果进行测定、衡量以及价值判断。教学设计成果的评价属于教学评价范畴，现代教学评价的一套理论和技术对教学设计成果评价具有直接指导作用。教学设计成果评价的实质是从结果和影响两个方面对教学活动给予价值上的确认，并引导教学设计工作沿着实现预定目标的方向发展。

1. 教学评价的功能

教育心理学和教学论专门研究了教学评价对提高教学效果的作用，具体可以概括为以下四方面：

（1）诊断功能。评价是对教学结果及其成因进行分析的过程，借此可以了解到教学各方面的情况，从而判断它的成效和缺陷、矛盾和问题。全面的评价工作不仅能估计教学目标的达到程度，而且能解释学生成绩不良的原因，如学校、家庭、社会和个人因素等。教学评价如同体格检查，是对教学现状进行一次严谨的科学诊断，以便为教学的决策或改进指明方向。

（2）激励功能。评价对教学过程有监督和控制作用，对教师和学生则是一种促进和强化，能够反映出教师的教学效果和学生的学习成绩。经验和研究都表明，在一定限度内，经常进行记录成绩的测验对学生的学习动机具有很大的激发作用。这是因为，较高的评价能给教师、学生以心理上的满足和精神上的鼓舞，可激发他们向更高目标努力的积极性；即使评价较低，也能催人深思，激起师生奋进的情绪，起到推动和督促作用。

（3）调控功能。评价的结果必然是一种反馈信息。这种信息可以使教师及时知道自己的教学情况，也可以使学生获得学习成功和失败的体验，从而为师生调整教与学的行为提供客观依据。教师据此修订教学计划、改进教学方法、完善教学指导；学生据此调整学习策略、改进学习方法、增强学习自觉性。教学评价有利于使教学过程成为一个随时得到反馈调节的可控系统，使教学效果越来越接近预期的目标。

（4）教学功能。评价本身也是一种教学活动。在这种活动中，学生的知识、技能将获得长进，甚至产生飞跃。如测验就是一种重要的学习经验，它要求学生事先对教材进行复习、巩固，并对已学到的知识技能进行整合，事后对试题进行分析，从而确认、澄清和纠正一些观念。另外，教师可以在估计学生水平的前提下，将有关学习内容用测试题的形式呈现，使题目包含某些有意义的启示，让学生自己探索领悟，获得新的学习经验或达到更高的教学目标。

2. 教学评价的种类

依照不同的分类标准，教学评价可做不同的划分。如按评价基准的不同，可分为相对评价、绝对评价和自身评价；按评价内容的不同，可分为过程评价和成果评价；按评价功能的不同，可分为诊断性评价、形成性评价和总结性评价；按照评价分析方法的不同，又可分为定性评价和定量评价。其主要评价方式如下：

（1）相对评价。这种评价就是在被评价对象的群体或集合中建立基准，然后把各个对象逐一与基准进行比较，来判断群体中每个成员的相对优劣。对学习成绩的评定通常是以群体的平均水平为基准，以个人成绩在这个群体中所处的位置来判断。

为相对评价而进行的测验一般称作常模参照测验。它的试题取样范围广泛，命题方式直接明确，测验成绩主要反映学生学业的相对等级。因为所谓的常模实际上近似学生群体的平均水平，所以这种测验的成绩自然呈正态分布。

利用相对评价来了解学生的总体表现和个体表现之间的差异，或比较群体学习成绩的优劣是很有效的。它的缺点是，基准会随着群体的不同而发生变化，易使评价标准偏离教学目标，不能充分反映教学上的优缺点。

（2）绝对评价。这种评价就是将教学评价的基准建立在被评价对象的群体或集合之外，把群体中每个成员的某种指标逐一与基准进行对照，从而判断其优劣。教学评价的标准一般是教学大纲以及由此确定的评判细则。

为绝对评价而进行的测验一般称作标准参照测验。它的试题取样就是预先规定的教学目标，测验成绩主要表明教学目标的达到程度，所以这种测验的成绩分布通常呈偏态分布，如低分多高分少为正偏态，反之则为负偏态。

绝对评价的优点是评价标准比较客观，如果使用得当，可使每个被评价者都能看到自己与客观标准之间的差距，以便不断向标准靠近。另外，教学管理部门通过这种评价，可以直接鉴别各项教学目标的完成情况，明确今后的工作重点。它的缺点是，在制定和掌握评价标准时，容易受评价者原有经验和主观意愿的影响，不利于分析学生之间的学习差异。

（3）自身评价。这种评价既不是在被评价群体之内确立基准，也不是在群体之外确立基准，而是对被评价的个体的过去和现在进行比较，或者是对他的若干侧面进行比较。

自身评价的优点是尊重个性特点，照顾个别差异，通过对个体内部的各个方面进行纵横比较，判断其学习的现状和趋势。但由于被评价者没经过与具有相同条件的其他学生做比较，难以判定他的实际水平和差距，激励功能不明显。因此，在实践中常常需把自身评价和相对评价结合起来使用。

（4）诊断性评价。这种评价也称教学前评价或前置评价。一般是在某项教学活动开始之前，对学生的知识和技能、智力和体力以及情感等状况进行"摸底"，通过了解学生的实际水平和准备状况，判断他们是否具有实现新的教学目标所必需的基本条件，为教学决策提供依据，使教学活动适合学生的需要和背景。

教育中的"诊断"是一个范围较大的概念，除了辨认缺陷和问题，还包括对各种优点和特殊才能禀赋的识别。因此，诊断性评价的目的是设计出可以满足不同起点水平和不同学习风格的学生所需的教学方案，并分别将学生置于最有益的教学程序中。

（5）形成性评价。这种评价是在某项教学活动的过程中，为使活动效果更好而不断进行的评价，它能及时了解阶段教学的结果和学生学习的进展情况、存在问题等，以便及时反馈、及时调整和改进教学工作。形成性评价进行得比较频繁，如一个章节或一个单元后的小测验。形成性评价一般又是绝对评价，即着重于判断前期工作的达标情况。

教学设计活动中进行的评价主要是形成性评价，如对新的教学方案的评价通常是在该方案的试行过程中进行的，目的是为修改该方案提供依据。对于提高教学质量来说，重视形成性评价比重视总结性评价更有实际意义。

（6）总结性评价。这种评价又称事后评价，一般是在教学活动告一段落时为把握活动最终效果而进行的评价。如学期末或学年末各门学科的考核、考试等，目的是检验学生的学业是否达到了各科教学目标的要求。总结性评价注重的是教与学的结果，借以对被评价者所取得的较大成果做出全面鉴定、区分等级，并对整个教学方案的有效性做出评定。

（7）过程评价和成果评价。这两种评价通常是根据评价内容的焦点来区分的，过程评价主要关注用于达到目标的方法和手段如何，如完成某一教学目标，用录像教材好还是用程序化教材好。因此，过程评价往往是在教学过程或教学设计过程中进行的，它倾向于完成还需要修改的形成性评价的功能，同时也是在完成过程中对时间、费用、学生接受情况等方面的总结评价。成果评价，或称产品评价，主要关注计划实施后的结果或产品的使用情况，如某录像教材的教学效果或某教学设计方案的实施效果。它倾向于完成总结性评价的功能，也可提供形成性评价的信息。

3. 教学评价的原则

为了做好各种教学评价工作，必须根据教学的规律和特点，确立一些基本的要求，作为评价的指导思想和实施准则。具体来说，教学评价应贯彻以下原则：

（1）客观性原则。这条原则是指在进行教学评价时，从测量的标准和方法，到评价者所持的态度，特别是最终的评价结果，都应符合客观实际，不能主观臆断或掺入个人情感。因为教学评价的目的在于给学生的学和教师的教以客观的价值判断，如果缺乏客观性就会完全失去意义，还会提供虚假信息，导致错误的教学决策。

贯彻客观性原则，首先应做到评价标准客观，不带随意性；其次应做到评价方法客观，不带偶然性；最后应做到评价态度客观，不带主观性。这就要求我们要以科学可靠的评价技术为工具，取得真实可靠的数据资料，以客观存在的事实为基础，实事求是、公正严肃地对教学活动进行评价。

（2）整体性原则。这条原则是指在进行教学评价时，要对组成教学活动的各个方面进行多角度、全方位的评价，而不能以点代面、以偏概全。由于教学系统的复杂性和教学任务的多样化，教学质量往往从不同的侧面反映出来，表现为一个由多因素组成的综合体，因此，要真实地反映教学效果，必须从整体上对教学活动进行评价。

贯彻整体性原则，首先，评价标准要全面，尽可能包括教学目标的各项内容；其次，把握主次，区分轻重，抓住主要矛盾，在决定教学质量的主导因素和环节上花大力气；最后，把定性评价和定量评价结合起来，使其相互参照，以求全面准确地判断评价客体的实际效果。

（3）指导性原则。这条原则是指在进行教学评价时，不能仅仅就事论事，而应把评价和指导结合起来，不仅使被评价者了解自己的优缺点，而且为其以后的发展指明方向。换言之，要对评价的结果进行认真分析，从不同角度查找因果关系，确认问题产生的原因，并通过信息反馈，使被评价者明确今后的努力方向。

贯彻指导性原则，首先，必须在评价资料的基础上进行指导，不能缺乏根据地随意评论；其次，及时反馈，明确指导，切忌耽误时机和含糊其词，使人无所适从；最后，具有启发性，留给被评价者思考和发挥的余地。

（4）科学性原则。这条原则是指在进行教学评价时，不能光靠经验和直觉，而要有科学依据，只有科学合理的评价才能对教学发挥指导作用。科学性不仅要求评价目标的标准要科学化，而且要求评价的程序和方法要科学化。

贯彻科学性原则，首先，从教与学统一的角度出发，以教学目标体系为依据，确定合理统一的评价标准；其次，推广使用先进的测量手段和统计方法，对获得的各种数据和资料进行严谨的处理；最后，对评价工具进行认真编制、预测、修订和筛选，达到一定的指标后再付诸使用。

第二节　信息化教学设计研究

一、信息化教学设计的基本内涵

（一）信息化教学设计的定义

"信息化教学设计是在建构主义理论指导下，基于教育信息化环境发展起来的一种新型教学设计形式。"① 所谓信息化教学，是与传统教学相对而言的现代教学的一种表现形态。这种教学形态，一方面以信息技术的支持为显著特征，另一方面以现代教育教学理念为指导。信息化教学设计是在综合把握现代教育教学理念的基础上，充分利用现代信息技术和信息资源，科学安排教与学过程的各个环节和要素，为学生提供良好的信息化学习条件，实现教学过程最优化的系统方法。其目的在于培养学生的信息素养、创新精神、实践能力和综合能力，从而增强其学习能力，提高学业成就，并使其最终成长为具有信息处理能力的、主动的终身学习者。

（二）信息化教学设计的界定

信息化教学设计以建构主义学习理论为指导，与传统学习方法、行为主义教学设计以及经典 CAI 设计有很大的不同。它具有自身的设计基本原则和评价标准。

1. 建构主义学习方法与传统学习方法的对比

建构主义学习方法与传统学习方法有很大的不同，具体如下：

（1）从知识观来讲，建构主义学习方法认为知识是在行为活动或经验中建构的、逐渐显现的、情景化的、分布式的；传统学习方法认为知识是传递的、外在于学习者的、客观的、稳定的、现成的、非情景化的。

（2）从现实观来讲，建构主义学习方法是心智或思维活动的结果；传统学习方法是外在于学习者的客观存在。

（3）从意义观讲，建构主义学习方法是反映个人的观点或对经验的理解；传统学习方法是反映外部世界。

（4）从符号观讲，建构主义学习方法是建构现实的工具；传统学习方法是用于描绘或表现世界。

（5）从学习观讲，建构主义学习方法是建构知识、解释世界、建构意义、劣构的、真实—经验的、阐释—反思的、重视过程的；传统学习方法是传递知识、反映教师所知、良构的、抽象—符号化的、接受—保持—回忆的、重视结果的。

（6）从教学观讲，建构主义学习方法是反映多种观点、递进的、发散性或多样性的、由下至上的、归纳式的、模拟、指导、探究、以学习者为中心；传统学习方法是简化知识、抽象原则、重视基础、从上至下的、推演式的、重视符号表征系统（规则或原理）的应用、讲授的、监护的、教师支配或控制的、个别化的、竞争性的。

---

① 严敏. 信息化教学设计探究 [J]. 考试周刊，2015 (94)：111.

2. 建构主义教学设计与行为主义教学设计的对比

信息化教学设计是以建构主义为指导思想的，它在教学设计思想上与以行为主义教学设计有很大的不同。

建构主义教学设计设计过程是递进的、非线性的，有时甚至是混沌的。行为主义教学设计设计过程是顺序的、客观的和线性的。

建构主义教学设计概念在开始制订计划时还不清晰，随着开发工作的进行而渐趋详细。开发工作应该是合作性的，设计小组人员一起工作，产生一个共同的意愿。行为主义教学设计制订计划是自上而下的、有规则的，包括一个带行为目标的严格行动计划，并且按计划有组织地有序展开设计过程。

建构主义教学设计懂得教学内容与情境的开发者是必需的，但不是一般的教学设计专家。行为主义教学设计专家对于设计工作来说至关重要。

建构主义教学设计教学重点是在意义丰富的情境中发展理解。行为主义教学设计复杂任务被分解为子技能并被有序地教授给学生。

建构主义教学设计所用教学手段是为了提出问题，并为学生提供获取解决这些问题所需知识的条件。行为主义教学设计教学重心在于传授由专家选定的知识与强化技能。计算机被用来扮演传统教师的角色：信息发送者、评价者、学习记录者。

建构主义教学设计形成性评价比总结性评价重要，它能够提供有助于改进教学的反馈信息。行为主义教学设计总结性评价至关重要，它检验学习材料是否行之有效。

建构主义教学设计主观性数据可能最有价值，因为许多重要目标无法仅用客观性数据来评估。许多时候，通过诸如电子作品、面谈、观察、口头征询等获得的信息会比定量数据更宝贵。行为主义教学设计客观性数据是教学过程各部分的要素，从确定起点行为到事后测试都需要它。

3. 经典 CAI 设计与信息化教学设计的对比

在信息化教学设计中，涉及电子作品的制作，但它与经典 CAI 设计有很大的区别。虽然经典 CAI 中的主要教学模式从广义上讲属于信息化教学模式，但信息化教学设计更强调以学为中心，促进学生综合能力的发展。

从设计核心看，经典 CAI 设计是教学内容设计，是以课件开发为中心；信息化教学设计是教学过程设计，重视学习资源的利用。

从学习内容看，经典 CAI 设计是单学科知识点；信息化教学设计是交叉学科专题。

从主要教学模式看，经典 CAI 设计是讲授/辅导，模拟演示，操练练习的模式；信息化教学设计是探究/研究型学习，资源型学习，合作型学习的模式。

从教学周期看，经典 CAI 设计以课时为单位；信息化教学设计以单元为单位（短则一星期，长则一学期或一学年）。

从教学评价看，经典 CAI 设计依据行为反应；信息化教学设计依据电子作品集。

（三）信息化教学设计的原则

信息化教学设计的基本原则可归纳为以下内容：

第一，以学为中心，注重学生学习能力的培养。教师作为学习的促进者，引导、监控和评价学生的学习进程。

第二，充分利用各种信息资源来支持"学"。

第三，以"任务驱动"和"问题解决"作为学习和研究的主线，在相关的有具体意义的情境中确定学习策略，传授技能。

第四，强调协作学习。这种协作学习不仅指学生之间、师生之间的协作，还包括教师之间的协作，如实施跨年级和跨学科的基于资源的学习等。

第五，强调针对学习过程和学习资源的评价。

（四）信息化教学设计的评价

评价一个信息化教学设计是否成功，包括以下四方面：

1. 学生学习效果分析

学生学习效果分析，具体包括：①学习目标是否明确，表述是否清楚；②所有的学习目标是否都符合相关的教学大纲要求；③教学设计中是否考虑到学生的个体差异，并明确说明如何调整标准以适合不同的学习者；④教学设计是否能激发学生的兴趣，符合学生的年龄特征，并有利于学生的学习及其高级思维能力和信息处理能力的培养。

2. 技术与教学整合合理性分析

技术与教学整合合理性分析，具体包括：①技术的应用和学生的学习之间是否有明显的关联；②技术是否是教学计划成功的必不可少的一部分；③把计算机作为研究、发布信息和交流的工具是否有助于教学计划的实施。

3. 教学计划实施效果分析

教学计划实施效果分析，具体包括：①教学计划是否易于根据具体教学情况的差异进行修改，以便应用于不同的班级；②教师是否可以比较轻松地应用教学计划中所涉及的技术，并获得相应的软硬件支持。

4. 学生学习效果评价分析

学生学习效果评价分析，具体包括：①教学计划中是否包括一些评价工具，用于务实的评价和评估；②学生的学习目标和学习成果评估标准之间是否有明确的关系。

二、信息化教学设计的基本模式

信息化教学设计的基本模式是从教育模式中总结出来的具有普遍指导意义的模式，也可以称为一般模式。这种模式融合了现代教学理念、系统设计方法和信息化评价手段，体现了信息化教学设计的基本原则，代表了信息化教学的发展方向，并且对不同学科的教学具有普适性和实践指导意义。

(一) 信息化教学模式的设计步骤

信息化教学设计的基本模式是针对教学设计者而言的。在这个模式中，教学设计过程可以分为单元教学目标分析、教学任务与问题设计、信息资源查找与设计、教学过程设计、学生作品范例设计、评价量规设计、单元实施方案设计、评价与修改八个步骤。

第一，单元教学目标分析。任务和目标是确定学生通过单元学习应该达到的水平或获得的能力。

第二，教学任务与问题设计。任务和目标是根据单元教学目标，设计真实的任务和有针对性的问题。

第三，信息资源查找与设计。任务和目标是根据任务和问题以及学生的学习水平，确定提供资源的方式，可以要求学生自己按照学习目标查找资源，也可以提供现成的资源给学生。前者必须由教师设计好要求、目标；后者要求教师寻找、整合相关资源或提供资源列表。

第四，教学过程设计。任务和目标是梳理整个教学过程，使之有序化，一般情况下应写出文字化的信息化教案。

第五，学生作品范例设计。任务和目标是在教学过程中，如果要求学生以完成电子作品的方式进行学习，教师应事先提供电子作品的范例，使学生对将要完成的学习任务有一个感性认识。

第六，评价量规设计。任务和目标是运用结构化的评价工具——量规，评价信息化学习（特别是电子作品）。量规的设计应当具有科学性，以确保评价的可操作性和准确性。

第七，单元实施方案设计。任务和目标是具体实施方案的设计，内容包括实施时间表的安排、分组方法的选择、上机时间的分配、实施过程中可能用到的软硬件等。

第八，评价与修改。在教学设计过程中，评价与修改是随时进行的，伴随设计过程的始终。

值得指出的是，这八个步骤不是僵化的，教学设计者可以按照实际的教学需求跳过某些步骤，合并一些步骤或重新排序。

（二）信息化教学模式的基本内容

基本模式的教学设计所产生的结果不是传统意义上的教案或课件，而是一个单元教学计划"包件"，其中包括以下内容：

第一，单元教学计划。单元教学计划是指具体地描述教学单元的主题、学习目标、学习活动（教学过程）、学习资源等，其中的学习活动和学习资源在很大程度上是由信息技术支持的，因此，这种教学计划可称为信息化教案。

第二，学生电子作品范例。学生电子作品范例中给学生提供参考用的电子作品，可以从各种电子信息源中选取或由教师自行制作。

第三，学生作品评价量规。学生作品评价量规是指提供结构化的定量评价标准，从内容、技术、创意等方面详细规定评级指标。利用这种量规来评价学生的电子作品，可操作性强，准确性高，既可以让教师评，也可以让学生自评和互评。

第四，教学支持材料：为支持学生有效进行学习活动准备的各类辅助性材料，如软件工具、资料光盘、在线参考资料、参考书目、教师用电子讲稿等。

第五，单元实施方案：包括教学活动的时间安排、学生分组的办法、上机时间的分配以及征求社会支持的措施等。

信息化教学包件一般在计算机上生成和保存，每个包件有一个专门的文件夹，非常便于检索和修改。

三、信息化教学设计的具体方法

（一）网络课程及其设计

网络课程是指通过网络表现的某门学科的教学内容及实施的教学活动的总和，它包括两个组成部分，即按一定的教学目标、教学策略组织起来的教学内容和网络教学支撑环境。其中，网络教学支撑环境特指支持网络教学的软件工具、教学资源以及在网络教学平台上实施的教学活动。

网络课程设计是教师在网上进行教学前的准备工作，教师需要把课程编写成网页的形式并进行一系列的备课。在网络教学中，所有教学活动都是以学生为中心的，特别强调在学习过程中发挥学生的主动性、积极性，相应的课程与教学设计主要围绕教学内容、自主学习策略和学习环境三个方面进行。其中，教学设计有三个特点：①教学设计是教学的前提与条件；②整个教学设计的核心是通过各种学习策略激发学生主动建构知识的意义（诱发学习的内因）；③为学生的主动建构创造必要的环境和条件（提供学习的外因）。由于网络教学与传统教学有很大区别，教师的地位发生了明显改变，教师由原来的知识传授者、灌输者转变成学生主动建构意义的帮助者、促进者，因此，课程设计也发生了很大变化。

在此，我们假设教师已经深入了解了教学对象的学习特点，而且所教课程已有成型的教学大纲和知识体系结构。

设计网络课程时，要遵循这些原则：①注重教学目标及教学内容分析；②设计教学活动时注意情境创设，强调情境在学习中的重要作用，并注意信息资源设计，强调利用各种信息资源来支持"学"（而非支持"教"）；③强调以学生为中心，注重自主学习设计；④强调协作学习，注重协作学习的环境设计以及基于网络的教学策略设计。

网络课程的具体开发应满足这些基本要求：①网络课程建设要充分体现远程教育的特点，能提高学生的学习兴趣与自觉性；②网络课程不仅要满足在互联网上运行的基本条件，还应具备安全、稳定、可靠、下载快等特点；③网络课程应有完整的文字与制作脚本（电子稿）；④网络课程文字说明中的有关名词、概念、符号、人名、定理、定律和重要知识点等都要与相关的背景资料相链接。⑤对课程中的重要部分，可适当采用图片、配音或动画来强化学习效果，但要避免与教学内容无关的、纯表现式的图片或动画。

下面对网络课程开发设计的关键环节做简要介绍。

1. 确定教学大纲

教学大纲是以纲要的形式规定学科的内容、体系和范围，并规定课程的教学目标和课程的实质性内容，是编写网络课程的直接依据，也是检查网络教学质量的直接尺度，对网络教学工作具有直接的指导意义，对学生了解整个课程知识体系也有很大帮助。教学大纲一般由以下部分构成：

（1）说明：简明扼要地介绍本学科的目的和任务、选材的主要依据及有关教学与学习的原则性建议。

（2）正文：按层次结构列出知识点条目，知识点的简要说明，知识点的教学要求、教学时数、教学活动及其所用时间的说明。

（3）实施要求：列出编写教材的参考书目，教学环境要求，教学仪器设备，辅助教学手段、说明等。

教学大纲的编写应注意科学性、思想性、理论联系实际、基础性、系统性等原则。

如果开发的课程已有教学大纲，应尽可能选用现有大纲；如果没有，则要编写大纲，而且要经过学科专家审查。

2. 确定教学内容

根据教学大纲，编写教材、配套的练习册、实验手册，如果已有优秀教材；则尽可能选用。教材的内容应具有科学性、系统性和先进性，符合本门课程的内在逻辑体系和学生的认知规律，表达形式应符合国家的有关规范和标准。

教材、配套的练习册：教材是教学内容的文字描述，是教学内容选择结果的体现。选择教学内容时，要选择切合实际社会需求、反映本学科最新发展动态的教材。教材不是教学内容的简单堆砌，而是教学内容的有机组合，教材应能够把一门学科的基本概念、基本原理和基本技能要求提炼出来，形成一个具有逻辑性、系统性的知识系统，使之有利于学生对知识的理解与迁移。练习册是诊断与巩固教学内容的测验试题的集合，是教材的重要组成部分。

实验、实验环境与实验手册：对于一些含有技能培养目标的课程来说，实验是必不可少的。实验是教材中理论知识的实践认证和技能知识的具体体现。设计实验时，要注意实践性和可行性。实践性是指实验在理论指导下，通过具体的操作步骤能达到预期结果；可行性是指设计的实验要求的条件不能太高，要能够在实际教学过程中实施，在网络教学环境下，尤其要注意实验的可行性。实验手册是对实验的说明，一般包括实验目标、实验环境、预备知识、实验步骤、实验报告、思考与练习等。

3. 总体设计与网络课件原型实现

选择一个相对完整的教学单元，设计出一个教学单元的网络课件原型，通过原型设计、确定网络课件的总体风格、界面、导航风格、素材的规格以及脚本编写的内容。

总体设计是设计过程中最重要的一环，它是形成网络课件设计总体思路的过程，决定了后续开发的方方面面，网络课件设计过程所要遵循的所有原则，都要在这一阶段得到充分体现。原型实现后，应在一定范围内征求意见，尤其是征求最终用户（学生）的意见，并根据征求的意见进行修订，以达到最优化的目的，减少后续开发过程中修订的工作量。在进行总体设计时，应注意以下三方面：

（1）内容组织。课程内容采用模块化的组织方法，模块的划分应具有相对的独立性，多以知识点或教学单元为依据。课程内容的组织以有良好导航结构的 Web 页面为主，链接有特色的网络或单机运行的教学课件，课件以知识点教学单元为单位。课程内容应根据具体的知识要求采用文本、声音、图像、动画等多种表现形式，比如文字说明、背景资料支持、配音阐述、重点过程动画表现以及教师讲授录像播放相结合等。自测部分可根据具体的知识单元设置。

每一个教学单元的内容都包括：学习目标、教学内容、练习题、测试题（每一章）、参考的教学资源、课时安排、学习进度和学习方法说明等。

在疑难、关键知识点上提供多种形式和多层次的学习内容。根据不同的学习层次设置不同的知识单元体系结构。

模块组织结构应具有开放性和可扩充性，课程结构应为动态层次结构，而且要建立起相关知识点之间的关联，确保用户在学习或教学过程中可根据需要跳转。

（2）内容表现。在具体的开发过程中，注意描述性文字应精炼、准确。中文字体尽量用宋体和黑体，字号不宜太小和变化太多，背景颜色应与字体前景颜色协调，以便减少阅读疲劳。

在画质上，要求色彩分明、色调悦目，构图合理、美观，画面清晰、稳定，动画、影像播放流畅、具有真实感，图形图像有足够的清晰度。具体来说，即色彩的选择应清晰、明快、简洁，颜色搭配合理，主题与背景在色彩上要有鲜明的对比。网页色调要与内容相适应，背景颜色应与前景颜色协调，各页面之间不宜变化太大。构图是指画面的结构布局，构图的基本要求是设计好屏幕的空间关系，使画面新颖简洁、主题突出、具有艺术感染力，从而使教学内容形象地展示在学生面前。

动画是课件的主要表现形式之一，动画的造型要合乎教学内容的要求，比喻和夸张要合理，动作应尽量逼真，另外，动画要尽可能接近事实。使用影像的目的是突出教学重点和难点，增加可信度。由于动态影像的信息量大，受网络带宽的限制，播放可能会出现停顿现象，这时应适当减小影像的播放窗口，尽可能采用流媒体技术。

在声音质量上，要求解说应准确无误、通俗生动、流畅清晰；音响效果逼真，配乐紧扣主题，有利于激发感情，增强记忆。在声音的处理上要考虑网络带宽的制约，并将其与影像结合起来寻求平衡。

在内容结构上，同一网页中不宜同时出现过多的动态区域。网页长度不宜太长，一般不要超过三屏，在 800dpi×600dpi 屏幕分辨率下不应横向滚屏。每门课程的网页应保持统一的风格和操作界面。控制功能、操作方法要符合常规习惯。课程内容的设计应尽量加入交互方式，激发学生在学习过程中主动参与和积极思考。在疑难的知识点上充分发挥多媒体的功能，展现其内涵，使学生能够深刻体会，从而有利于培养学生获取知识的能力和创新能力。学生对课程中的有关图片、资料、动画可选择浏览或不浏览，对背景音乐以及配音也可选择开或关。网络课程中，每个知识点都应提供相关的参考文献资料链接，以拓展学生的知识面。

（3）内容导航。因为网络课程信息量巨大，内部信息之间的关系可能异常复杂，所以除了要求在信息结构上要合理设计外，对信息的导航策略要求也十分高，如导航设计要清晰、明确、简单，符合学生认知心理。网络课程可以提供的有以下导航方法：

第一，列出课程结构说明。建立目录索引表，以表格的方式列出如下内容：教学单元、教学活动、学习时数、学习进度和学习方法。指明学生所处的知识层次和位置，让学生了解网络课程的信息结构，直接到达所需要的学习页面。

第二，网络课程网站的文件结构。网站的文件结构要根据章节、通用网页、组件和媒体类型等适当地建立相应的子目录，单个子目录中文件数目不宜太多，以方便维护。

第三，页面组织。网站的网页组织要反映课程的目录层次结构和网状结构。网页之间的联系要便于学生对知识结构的掌握。在网页中应有课程起始页、前一页、后一页、上一层、相关内容的超链接，应提供由关键词（基本概念）和目录树查找相关网页的快速跳转功能。对于描绘教学内容的重要媒体也要提供查询和直接显示功能。

第四，直接导航。对一些重要的导航点，如当前学习单元，当前学习目标，学习单元的结束、前进、后退等，在主界面的导航中心提供直接导航，只需用鼠标单击导航上的超链接，便可直接进入对应的界面之中。

第五，浏览历史记录。记录学生在超媒体知识空间所经历的历史路径，学生可随时快速跳转到以前浏览过的页面。利用线索记录学生的浏览路径，可让学生沿原路返回，也可预先设计浏览的路径，减少学生的探路时间。

第六，检索表单。检索表单指提供对整个课程全文进行检索的功能，帮助学生迅速寻找所需要学习内容的功能。

第七，帮助。对一些学习过程中容易遇到的问题，用帮助页面的方式给出指导，提供解决问题的方法和途径。

第八，导航条。导航条是指提供到顶级、上一级、下一级、同一级页面的导航。

第九，演示控制。演示控制是对于对动画、影像、声音的控制，可以让学生根据自己的学习需求控制动画、影像或声音的播放进度。

第十，书签。书签是记录学生标记的学习重点，便于学生对重点学习内容进行快速定位的功能。它是 Web 浏览器必备的功能。

第十一，框架结构。主框架可以是学习区，副框架则可以是动态导航图，以显示当前的学习进度，并可以点击导航图直接到达某个进度。

导航策略用于网络课件，实际上是教学策略的体现。这是一种避免学生偏离教学目标，引导学生进行有效学习，提高学习效率的策略，是决定网络课件质量的关键因素，因此，需要精心设计。

4. 脚本编写

脚本是教学人员与技术开发人员沟通的桥梁，脚本编写要根据计算机的特点，在一定的学习理论的指导下，对每个教学单元的内容及其安排以及各单元之间的逻辑关系进行教学设计，并写出相应的设计文本。网络课件的脚本编写要充分考虑原型设计阶段所确定的内容表现、内容导航等的总体风格。脚本描述了学生将要在计算机上看到的细节。它在课程设计中占有非常重要的地位，是设计阶段的总结，又是开发和实施阶段的依据。从其内容来看，它是网络课程中教学内容和教学方法的载体，而不是课本或教案的简单复制。

（1）脚本编写的要求。脚本不仅包含了将要在计算机上显示的大量教学信息，更重要的是如何通过计算机为学生构建一个良好的学习环境，以促进学生的学习。这就要求脚本提供的教学信息以及这些教学信息的展示和交互过程应能较好地体现一定的学习理论，应能充分发挥计算机的优势。因此，参加脚本编写的人员应包括学科专家、教学设计人员、教育软件设计专家、教育心理学专家以及计算机程序设计人员。

脚本编写应遵循的基本原则有：①明确教学目的和各教学单元的教学目标；②根据教学目标，使用的教学内容应准确无误；③根据教学目标和教学内容，选择适当的教学方法（CAI 模式）和传递教学信息的媒体；④学习理论的应用，无论采用什么样的模式，都必须注意学习理论的应用，以提高软件的教学效果；⑤应考虑计算机的输出和显示能力；⑥使用的格式应该规范。

脚本可以使用不同的格式，但必须规范，而且便于表达脚本的各项内容。这些内容包括：①显示信息，指屏幕上将要显示的教学信息、反馈信息和操作信息；②注释信息，说明显示信息呈现的时间、位置、条件以及连接要求；③逻辑编号，显示信息常常是以屏幕为单位来表述的，为了说明它们之间的连接关系，每一个显示单位应有一个逻辑编号；④媒体、交互信息和"热字"的表示，为了清楚地表示教学信息中使用的不同媒体（文字、声音、图形或图像等）、交互过程中呈现的各种信息以及教学信息中的"热字"，脚本中常用不同的符号表示它们。

对于编写好的脚本，应组织编写人员和更多的教师对其进行审查，修改其错误，补充其不足，然后让未来的使用者对脚本进行"试运行"，看是否能达到预期效果。这样得到的脚本作为编程或写作的蓝本，会明显地提高课件开发的速度和质量。

（2）脚本类型。脚本包括文字脚本和制作脚本。文字脚本是按照教学过程的先后顺序，描述每一个环节的教学内容及其呈现方式的一种形式，其主要目的是规划教学软件中知识内容的组织结构，帮助教学软件开发者将所要传授的知识清晰化，并对软件的总体框架有一个明确的认识。文字脚本与文本教材有较大的区别，它除了要表达清楚知识内容之外，还需要对教学目标，学习目标，教学活动，采用的教学策略、表现方式，教学软件的总体结构等加以说明。

一般情况下，文字脚本包括：①使用对象与使用方式的说明：阐明教学软件的教学对象、功能、特点及其适用范围与使用方式；②教学内容与教学目标的描述：阐明教学软件的知识结构以及组成知识结构的知识单元和知识点，并详细介绍教学的目标和要求；③网络课件总体结构的确定：根据教学大纲和总体教学目标，确定网络课件的总体结构，划分课件的基本组成模块，并确定各模块之间的联结与导航关系；④知识单元教学结构的表述：它是文字脚本设计的主体，一般都由多个文字卡片组成，每个卡片一般都有序号、具体的教学内容、教学媒体的类型、教学模式、教学内容的呈现方式、教学方法、教学活动以及教学的组织结构等。

文字脚本可以说是对教学软件的总体构思的设计，它是学科教师按照教学过程的先后顺序，将知识内容的呈现方式描述出来的一种形式。但它只是一种概要设计，还不能作为多媒体教学软件制作的直接依据，因为教学软件的开发应考虑所呈现的各种信息内容的位置、大小、显示特点（如颜色、闪烁、下划线、黑白翻转、箭头指示、背景色、前景色等）、交互方式，以及信息处理过程中的各种编程方法和技巧，这需要编写制作脚本。

制作脚本包含学习者将要在计算机的屏幕上看到的细节，如用各种媒体展示的教学信息，计算机提出的问题，计算机对学习者各种回答（正确的或错误的）的反馈，在不同的情况下学生应进行的正确操作，等等。制作脚本一般采用卡片式格式，在卡片的卡体部分将这些信息的内容及显示的位置描述出来，同时用相应的符号表示这些信息的类型。在卡片的注释部分，详细地说明卡体中各种信息显示的逻辑关系：即先显示什么内容，后显示什么内容；后面的内容显示时，前面的内容是否保留；操作信息的作用等。

5. 素材准备

素材准备主要是根据脚本的要求，准备所需要的素材，包括文字、图片、声音、动画、视频、案例等。通过课件原型的设计和脚本的编写，可明确素材的规格、数量、种类和具体内容，便于进行批量制作，可大大降低开发的时间与成本。

素材准备工作包括素材采集和素材整理。

素材采集：通过扫描仪扫描图形，把准备好的音频和视频素材，通过声卡和视频采集卡，转换为计算机可识别的数据文件。

素材整理：制作好素材后，要对素材进行属性标注，纳入网络课程的素材库中，供学生和教师在学习和教学中参考。

6. 课件开发

课件开发即根据脚本提供的要求和建议，参考开发的课件原型，利用课件开发工具集成课程内容，形成网络课件。

界面设计和制作。对屏幕上将要显示的信息的布局进行设计，包括主菜单、不同级别的操作按钮、教学信息的显示背景、翻页和清屏方式等。

编写文字材料。完成课件的制作以后，还要编写相应的文字材料，如课件的内容适合何种程度的学生使用，课件的使用环境，使用的机型，课件的使用方法，以及其他配套使用的文字材料等。

7. 教学环境设计

课程教学内容设计是实施网络教学的根本，但绝对不是网络课程设计的全部。网络学习，强调以学为中心，强调学生的自主学习，所以在网络课程设计过程中应注意设计大量帮助学生进行自主学习的资源，以促进学生的自主思维和学习参与度。在一个典型的网络教学系统中，促进学生自主学习的课程资源有讨论论题、问题及解答、课程教学资源、测验试题等。这些资源都应该在统一的网络教学环境下管理与使用。教学环境设计主要是指在统一的教学支持平台下进行的自主学习资源设计，而不是网络教学软件设计。教师只需关注如何在网络平台上设计具体的学习支持资源，而无须关注具体的程序设计，比如与网络课程学习直接相关的课程大纲、练习题、常见问题、讨论论题等，可直接在统一的网络教学平台界面中录入，或通过标准的 TXT 或 RTF 文件提供。自主学习资源设计是网络课程设计与传统基于教科书的课程设计的基本区别之一。

（1）设计讨论论题。网络教学有异步交互的优良特性，通过网络可以有效地对某一个论题进行深入的讨论。每个人都有过课堂讨论的体验，但课堂讨论时间有限，参与的人较少，且讨论发言都比较简要。这种时间有限的讨论往往浮于表面层次，感性成分居多，很难进行非常理性的思考，难以深入。而基于 Web 的 BBS（电子布告栏）系统以发表文章为基本的讨论交流形式，这种交流是不受时间限制的，参与讨论的人可以对所讨论的问题进行充分思考，通过不同观点和立场的碰撞与交流，可以相对全面深刻地理解一个复杂事物。通过文章来表达自己的思想，可以大大提高学生的逻辑思考能力以及驾驭文字表达自己思想的能力。

异步讨论可以大大促进学生对某些复杂事物的认识以及自主思维的深度发展，但前提是被讨论的问题要有一定深度和广度，即问题要有相当的复杂性和歧义性，要能够诱发不同的观点以及不同层次的思维。这样讨论才能有效地展开，才会激发学生的兴趣，提高学生的参与度。这就要求教师在进行课程设计时要充分考虑教学内容的性质，深入理解课程的教学内容，提出一些有讨论空间的问题，教师还应对这些问题进行多方面、多角度的思考，准备一些讨论发言的文章，以便在讨论过程中引导讨论展开的方向，提升讨论展开的深度与广度。

（2）设计课程问题及解答。网络学习没有教师面对面的解释和演绎，它要求学生必须进行自主学习，从听众变成索求者，主动进行深入思考。但在百思不得其解时，及时的答疑和帮助是必不可少的。教师对课程内容理解得较为深刻，知道初学者容易遇到哪些问题，学习过程中有哪些常见的疑问，所以教师在进行课程设计时，可将这些问题及其答案罗列出来，放在答疑系统中。这样，一方面，当学生遇到类似的问题时可以从答疑系统中获得解答，消除学习过程中的许多障碍；另一方面，可以减轻教师在教学过程中答疑的工作量，缩短学生获得解答的时间。

在设计课程问题及解答时应注重利用恰当的问题，引导学生的有意识的选择性注意。因为问题在吸引和保持学生的注意，使学生对重要信息保持高度警觉和提高学生心理上的参与度等方面非常有效。在学习新材料前有针对性地提出问题，让学生带着问题去学习，不仅有助于将其注意力吸引到重要的信息上，忽略无关的或不重要的信息，而且问题还能提供一种"推敲"的功能，通过"推敲"使信息的含义更为明了，从而促进学生对所学内容的记忆和理解，提高学习效率。

此外，问题的类型影响学生对学习材料的注意，若问题涉及材料的基本结构，学生将注意材料的主要内容；若问题涉及材料的细节，学生则注意材料中的细节。鉴于问题在吸引和保持学生的注意方面的重要作用，在具体的设计中，应根据学习目标和学习内容的特点，精心设计问题的位置和类型。一般对于学习材料中的重点、难点内容，可通过前置问题的设计，激发学生的选择性注意。前置问题的设计可通过创设问题情境或提出与学习内容有关的一些问题来达到。另外，为了促使学生回忆已学过的学习材料，强化记忆，可进行后置问题的设计。

（3）设计在线交流话题。在线交流类似于面对面的讨论方式，学生之间可以跨越空间限制进行实时交流。在线交流比较适合于激发新观念、新想法，教师可以进行实时答疑和辅导，也可以进行一些情感交流，所以教师在课程设计时应注意设计一些实时讨论的话题，引导学生参与讨论。问题设计应具有情感交流的情形，讨论话题应能启发新思路、新观点，具有一定的密集性，不能过于分散。

（4）设计课程教学资源。教师设计的主体教学内容的信息容量是有限的，若没有丰富的相关教学资源支持，就不利于学生进行探索和发现，不利于促进学生多角度思考，不能满足众多学生的个性化需求。因此，网络课程设计应该是一种基于资源型的课程设计，它有两个并列的主体，一是课程的主体教学内容，二是丰富的课程教学（学习）资源。

网络课程教学资源的设计应遵循以下基本原则：

第一，教学资源要与课程内容密切相关，避免与教学目标无关的资源分散学生的注意力与参与度。

第二，要以良好的结构方式来组织教学资源，以便学生能快速定位自己所需的资源。

第三，教学资源应有丰富的信息量，给学生提供足够的探索发现的空间。

第四，教学资源应有丰富的表现形态。它应涵盖媒体素材（音频、视频、动画、文本、图形）、案例素材、文献资料、课件素材等多种形式，满足学生学习多样性的需求。

第五，教学资源应具有多样性。不同资源应有不同的阐述角度以及不同的观点，在内容的深度上也应有不同的层次，满足不同认知层次的学生的需求。

第六，教学资源应有比较合理的"颗粒度"，资源之间有相对的独立性，可重用性较强。

第七，教学资源应有一定的涵盖面，课程的每一个教学知识点都应有一定数量的教学资源支持。

（5）设计测验试题。无论是什么样的教学形式，测量与评价都是教学过程中的一个重要环节，是保证教学质量的重要手段之一。网络教学平台中的测评系统具有自动组卷、联机考试、自动（联机）阅卷、试题管理等一系列功能，可以对网络教学中的考试与作业提供全面的支持。测评系统的核心是一个网络题库，它按照经典测量理论对试题进行严密的组织存储。它要求教师在课程设计时要设计一定量的测验试题，并按照经典测量理论的方式对试题进行属性标记，最后纳入试题库中。

设计测验试题应遵循的原则有：①所有学科的网络题库，都应遵循经典测量理论，严格按照经典测量理论的数学模型开发题库管理系统、组织试题；②每一道试题都要按照经典测量理论来进行属性标记。

试题的组织：试题的组织必须以学科的知识点结构为依据。建设题库之前，必须首先确定学科的知识点结构；在按学科知识点结构组织试题时，还需注意学科知识点结构的区别。如语文、英语等学科，知识点之间逻辑性不强，每一个教学单元都包括很多的知识点；而物理、数学等学科则不同，知识点之间具有严密的逻辑性，而且一个知识点往往代表某章或某节的内容，不会被包含在其他章节之中。在组织试题时，尤其是在开发题库管理系统时，要充分考虑并适应这种学科知识点结构的区别。

试题的分布结构：试题数量要足够多，在各指标属性区间内均衡分布。核心属性有知识点、难度与认知分类，以这三个属性为核心，形成三维立体交叉网络，每个交叉节点上都有合理的试题量。在保证这个核心结构的基础上，还应注意试题在题型和区分度上的合理分布，要保持基本的均衡状态。

试题的质量要求：①试题的内容要科学，不能有任何错误；②无歧义性，表述简单明确；③无关联性，试题之间不能相互提示，也不能相互矛盾；④试题参数标注要尽可能符合客观实际；⑤还要注意试题与课程的相关性，这主要是针对课程的难点和疑点。

在设计测验试题和作业试题时，常用的问题类型有是非题、选择题、填充题、配对题、简答题、论述题等。其中，有些问题类型侧重于考查材料的细节，如填充题、配对题等，有些侧重于考查材料的基本结构，如简答题、论述题等。以上这些问题类型较适合后置问题的设计。

8. 教学活动设计

教学活动设计是网络课程开发的核心内容，它是对即将实施的网络教学具体活动的规划和设计。通过教学活动设计，教师可清晰地知道如何利用已设计好的网络课件与网络教学环境。教学活动设计的基本出发点在于促进学生与教师之间、学生与学生之间的交流，促进学生积极地投入网络学习中来，充分发挥主观能动性，提高网络学习的参与度。自主学习活动对学生个性的发展、社会参与能力、协作意识与协作能力、知识学习与实践等均有重要的作用。从学生的全面发展和知识两个角度出发，网络教学活动能实现功能目标的统一：社会化与个性化的统一，知识化与实践化的统一。

社会化功能：社会化是"个人学习知识、技能和规范，取得社会生活的资格，发展自己社会性的过程"，如团结、服从。通过网络教学活动可促进个体的社会化，如网络规则和礼仪是培养社会性的有效手段。以虚拟社区形式出现的网站能体现出更高的社会性。

个性化功能：个性作为心理学上的概念，即个人稳定的心理特征（如性格、兴趣、爱好、品性等）的总和。网络教学活动为学生的个性发展提供了广阔的天地，它为学生个人提供获取知识和实践技能的新途径，使学生的学习富于独立性和创造性。

知识化功能：创建一个愉快的、充分交互的多媒体资源活动环境，提供各种网络支持工具，使学生能容易地将信息转换为有用的知识。通过 Web 获得课外"即时信息"，对于扩大学生知识面，增加信息量，跟上时代潮流，培养学生主动获取信息、处理信息的能力都是十分重要的。

实践化功能：实践性是课外活动的重要特性。学生能力的培养，重要的一条在于让学生独立观察、分析，在实践活动中锻炼提升。网络可建设虚拟的实验平台，为学生自我管理、自我教育提供实践机会。

在规划各种形式的网络教学活动时，应综合这些功能进行设计，并处理好这四者的关系，否则网络教学活动很可能出现偏差。例如，过分个性化可能发生学生沉溺于网络，以自我为中心的负面效应。所以对参与基于 Web 的教学活动的成员资格应有多重要求。

若用普通的方法学习"建构主义"，学生看完几篇文章，做几个练习就结束了，大多数学生的认知心理加工都在表面层次。而在上面的学习过程中，学生看了文章内容后还需要进行深层次的心理加工，消化文章所表达的观点与思想，并用自己的语言去阐述。看完文章后再通过语言来表达与仅仅看看文章的心理加工显然不在一个层次。加深学生的自主思维是设计自主学习活动的精髓。

教师在进行网络课程设计时还需要注意的是，自主学习活动实施起来时间比较长，知识传递的效率没有课堂授课高，它主要针对学生的学习能力与基本素质的培养，因此，它在课程内容中只占一定比例，不能过多，否则，实施起来比较困难。另外，自主学习活动往往要求学生做深入的思考和广泛的调研，针对复杂的教学内容比较有效，而对于简单的教学内容采用传统式的方式可能更加有效。因此，教师进行课程内容设计时要充分考虑教学内容的特色。

9. 运行维护与评价

网络课程与传统课程不同，它是开放的，因为支持它的网络教学环境是动态的、开放的。在网络课程的运行过程中，会产生很多很有价值的教学资源，这些教学资源通过相应管理系统的管理，本身又可以纳入网络课程中并成为网络课程的重要组成部分。

另外，网络课程的设计不可能一步到位，需要在运行过程中，不断收集教师与学生的反馈意见及实际的教学数据，从而对网络课程的设计做进一步修订。

（二）研究性学习及其设计

研究性学习是指"学生在教师指导下，从自然、社会和生活中选择和确定专题进行研究，并在研究过程中主动地获取知识、应用知识、解决问题的学习活动"。

作为一种学习活动，研究性学习中的情境、任务、过程、资源、成果与评价六个主要构成要素必不可少。

情境：这个要素为问题解决提供可信的具体情境，其作用是导入学习情境，激发学生的学习兴趣。根据情境创设的依托点的不同，教师可以借助以下形式创设情境：①借助实物、模型、图像、标本以及实验、参观等创设教学情境；②借助演示、活动和动作创设教学情境；③借助语言创设教学情境；④借助新旧知识和观念的关系及矛盾创设教学情境；⑤借助"背景"创设教学情境；⑥借助问题创设情境。学生将在教师所创设的情境下开始研究性学习。

任务：教师需要明确围绕一个主题或基本问题派生出来的具体问题，为学生提供探究的线索。任务要素是研究性学习设计的关键环节。研究性学习中的各项任务并非随意确定，而是从课程的学习目标出发，引导学生自主选择。

过程：这个要素描述学生应遵循的活动步骤和相关建议，包括小组角色与任务分配、工作流程与进度控制等。有了过程的描述，学生可以按照确定好的任务，按照小组合作研究、个人独立研究或个人研究与集体讨论相结合等方式，利用合适的资源开展研究性学习。

资源：这是为便于学生解决问题而预备的条件要素，包括数字化资源和非数字化资源。

成果：这个要素告诉学生如何展示自己的研究成果，通常为电子作品形式，用作班级交流汇报，以供教师评估。

评价：评价一般用量规评估方法，不但要有助于评价学生的学习成果，还要有助于评价学生的学习过程与学习技巧。

下面对研究性学习设计的一些关键环节做进一步阐明。

1. 选题的原则

（1）进取性原则。需要有勇气、有进取心。

（2）科学性原则。选题要有正确的出发点，要从有利于今后学习出发，要不怕困难、有选题要有事实根据或理论根据，课题必须符合科学原理和事物发展规律。

（3）需要性原则。选题必须满足社会发展的需要和今后教育科学自身发展的需要。

（4）创造性原则。选题要新颖、独特，有"奇和巧"的设想。有的课题虽然别人已经研究过，但只要方法创新，研究角度不同，也可以成为一个成功课题。

（5）可行性原则。选题要具备主客观条件，以保证课题顺利进行。

2. 选题的程序

（1）初选。初步选出课题是选择课题的第一步。初选的途径不一，可以是学校指定的课题，也可以是学生在学习实践中自己发现的新课题。

（2）初探。初步选定课题后就要对课题进行初步探索。通过查阅文献，了解此领域研究的历史、现状，写出综述报告；分析课题的价值、必要性；研究课题的主客观条件是否具备等。

（3）具体化。将研究课题分解为有待研究的较小的具体问题，将抽象的问题具体化。

（4）撰写选题报告。选题报告一般包括：提出课题，立题根据，理论假设，国内外研究概况、水平和发展趋势，掌握的资料，课题的性质、意义、新颖性、科学性、先进性及应用前景。在此基础上提出研究的方案，总体时间的安排与进度，可能遇到的问题与解决的方法。

3. 选题的方法

选题方法包括：①从社会热点、学科热点问题中选题；②从遇到的"反常"现象中提出课题；③从学术观点的争论中提出新的课题；④从学科分化、交叉学科中发现新的课题；⑤从学习实践中提出课题。

4. 查阅文献资料

查阅文献资料是研究性学习的重要环节，它伴随着研究性学习的全过程。选出课题后只有深入查阅资料，才能进行研究方案的设计。

（1）查阅文献的目的：了解课题研究领域的全貌；了解课题的内涵和外延；明确研究课题的依据；明确研究课题的理论建构。

（2）获得资料的途径：专访相关领域的专家、教师和工作人员；搜索网上资料；查阅书籍、报纸、杂志、学术报告等。

5. 确定具体的研究方法

教育科学研究的具体方法很多，主要有三大类：收集资料类、定性分析类和定量分析类。

（1）收集资料类：观察法、实验法、临床法、行动研究法、调查访问法、问卷法等。

（2）定性分析类：经验总结法、历史法、文献法、比较法、逻辑分析法。

（3）定量分析类是指统计分析法。

6. 实施要求

按照已经拟定好的研究方案，对被试对象进行观察、施测，以收集研究课题所需要的事实材料或数据。严格执行指导语，严格遵守操作规程，严格记录。

7. 总结、表达和交流

（1）整理资料。将研究主导方向的资料系统化，确保收集的资料具有可靠性，保证形成典型性资料。

（2）分析结果。结果分析有两种方法：定性分析法和定量分析法。

（3）写研究报告。对收集到的大量原始资料和数据进行整理，对结果进行定量、定性分析，透过现象揭示教育与人的发展的内在规律，最终将研究成果撰写成研究报告。

第三节　信息化教学效果的评价

"课堂教学效果的内涵可以界定为课堂教学过程中教师的教学水平、学生的学习水平、师生教学过程中共同产生的教学效果即班级进步程度。"[①] 对教学效果进行评价，可以了解教学各方面的情况，从而判断它的质量、成效和缺陷。全面客观的评价工作不仅能估计教学目标的实现程度，而且能解释学生成绩不良的原因，并找出主要原因。评价还能反映出教师的教学效果和学生的学习成绩，对教师和学生具有监督和强化作用。

一、教学效果评价的基本方式

评价包括两个环节：一是对教师教学工作（教学设计、组织、实施等）进行评价，即教师教学评估；二是对学生学习效果进行评价，即考试与测验。评价的方法主要有量化评价和质性评价。

1. 教师教学工作评价

（1）课堂教学目标。具体的要求是：明确、有效、容易理解；与教学目标相关的学习材料准备充分；起始阶段就向学生清楚地阐明学习目标；教学目标适合不同学生的需要，有弹性；课程标准三个维度的目标与教学实际相整合。

（2）教师对内容的把握和理解。具体的要求是：对课程内容有一个全局上的把握，安排合理；教学材料适合课堂教学的实际需要；知识以相互关联并且生动地呈现给学生；内容是学生熟悉的、容易接受的；课程内容的组织与学生日常生活和经验相关联。

（3）教学方法与手段的运用。具体的要求是：能推动学生有效学习；教学具有连贯性，与先前教学和知识相联系；学生的观点和经验被充分重视；使用多样的活动方式和提问技巧；问题的说明和解释是清楚和具体的；注重学生参与，认真聆听并给予恰当的回复；采用必要的教学方法以适应不同层次学生的需要；采用灵活的设计激发学生的好奇

---

① 牛惠芳，王淑玉. 教学效果评价方法研究 [J]. 数学教育学报，2010，19（2）：89.

心、热情、动机和注意力；不断强化、清晰化重要的知识内容、目标和关键点；教师的语音、语调、口气和态度适宜，个人的情绪状态积极；注意学生的差错，并帮助他们修正；恰当有效地使用现代化教学手段。

（4）师生互动及评价反馈。具体的要求是：一方面，对学生进行整体引导。经常鼓励和赞扬学生好的表现和做出的努力；对课堂全局和所有学生都有一个很好的把握；平等对待不同能力水平的学生；妥善处理学生心不在焉的行为。另一方面，对学生进行精细评价。能指导不同层次的学生在课堂上的表现；采用不同的反馈方法，使学生知道如何作出努力；对学生产生的错误进行重新组织和结构化处理，加强学习指导的针对性；通过问答不断对学生的理解进行判定，指引学生学习。

（5）学生的学习效果。具体的要求是：学生积极参与课堂教学活动，并保持注意力和兴趣，在课堂活动中做出负责任的努力和情感态度上的投入；学生知道要做什么、如何做和为什么做；学习结果和目标设定一致，学生获得一定发展；学生和教师及同学之间关系融洽、气氛民主、相互尊重、步调和谐。

（6）课堂时间和资源的有效整合。具体的要求是：学习过程安排紧凑有序，能有效组织资源、利用时间；作业能够和学习目标联系起来，并有助于强化和迁移；信息量适度，学生负担合理。

（7）在课堂教学中实现师生真正对话。具体的要求是：教师应面向课堂中不同层次的全体学生，平等地、富有成效地交换意见，而不是带有预设的陷阱或有意无意的忽略。对话不是停留在低水平的课堂问答上，而是进行适量的持续的激发高级思维的活动，帮助学生层层深入地加深对问题的理解，并学会修正自己的思维过程和知识结构。

（8）避免课堂教学反馈和评价的滥用和泛化。具体的要求是：课堂评价和反馈要有针对性，必须紧扣学生的学习需要和特定的教学情境，而非笼统的回应；课堂评价和反馈要有指向性，即教师对学生的赞扬、鼓励、强化、纠错、归纳和总结要能对学生特定的学习具有促进作用，要么让学生了解自己的学习状况，要么提示强化学习内容，或是帮助学生提高学习技巧，等等；课堂评价和反馈要有启发性，能对学生理解现有概念、重组现有知识结构、进行高级思维活动提供积极的帮助和指导。

2. 学生学习效果评价

通过期中测验、期末测验及平时的检测等对学生的学习效果进行评价。评价时采取以下两种方法：

（1）定量评价与定性评价相结合。定量评价是将评价目标细化为若干个指标（项目或因素），并加以数量化，用分数或数值来表示评价的结果。定性评价是指教师根据自己的认识和经验对学生的成绩做出非数量化的分析与评定，即从经验归纳出发对学生作出定性的评估。这种评价方法表达结果的方式是评语或结果评定（优、良、合格、不合格）。

（2）定量评价时集中趋势和差异程度相结合。用平均分判定团体成绩优劣，两班平均分都相同，则水平相当；两班平均分相差很大时，可直接根据平均分的大小粗略地认为平均分高者为优。

总之，教学评价本着关注教师和学生的成长为原则，力求激发师生的积极性，更好地提高学校的教学质量。

二、教学效果评价的数据分析

（一）评价数据的处理

1. 评价数据的处理步骤

评价数据的处理通常包含以下两个步骤：

（1）整理评价数据，即根据客观、准确、有效等原则，对采集到的数据进行认真检查、核实，并按照评价准则的要求，通过筛选、归类和建档等方式加以整理或加工处理。高效地整理信息是评价过程中一项具有全局性意义的工作，是评价过程的一个十分重要的环节，直接影响评价结果的分析与处理。

（2）对信息进行赋值或描述，即以各次评价指标及其参照标准为客观尺度，根据整理后的数据，对评价对象达到各次评价标准的程度进行赋值或描述。

2. 评价数据的处理方式

评价数据的处理方式可分为定性分析和定量分析。

（1）定性分析。定性分析是用语言描述形式以及哲学思辨、逻辑分析揭示被评价对象特征的信息分析、处理方法。其目的是把握事物质的规定性，形成对被评价对象的完整看法。它是分析和处理教育评价信息常用的方法之一。

定性分析具有的特点：①关注点，定性分析关注事物发展过程及其相互关系；②对象，定性分析的对象是质的描述性资料，主要包括访谈记录、观察记录和文献信息等；③程序，定性分析无严格的分析程序，有较大的灵活性；④方法，定性分析主要采用逻辑分析方法和哲学思辨方法；⑤影响因素，定性分析容易受到主观因素的影响并且对背景具有敏感性。

定性分析的基本过程包含如下环节：

第一步，确定定性分析的目标以及分析材料的范围。

第二步，对资料进行初步的检验分析。

第三步，选择恰当的方法，确定分析的维度。

第四步，对资料进行归类分析。

第五步，对定性分析结果的客观性、效度和信度进行评价。

在教育评价中，定性分析比较适用于下列情景：

第一，对发展过程的原因探讨。

第二，对被评价对象优缺点的详细描述。

第三，对典型个案的深入研究。

第四，对被评价对象内隐的观念、意识的分析。

第五，对文献档案信息的汇总和归纳。

（2）定量分析。定量分析是指用数值形式以及数学、统计方法反映被评价对象特征的信息分析、处理方法。其目的是把握事物量的规定性，客观简洁地揭示被评价对象的重要的可测特征。

定量分析的特点：①关注点，定量分析注重被评价对象的可测特征，对其进行精确而简洁的量化描述；②对象，定量分析的对象是具有数量关系的资料，如问卷调查和测验的信息等，评定量表和观察量表中的一些项目经二次量化后，也可成为定量分析的对象；③程序，定量分析具有严格而规范的分析程序和很强的顺序性，高级的分析一般都要以低级的分析为基础；④方法，定量分析采用数学和统计分析的方法，通过数学或逻辑运算，抽取并推导出对特定问题有价值的数据，并在此基础上下结论；⑤影响因素，定量分析受分析者主观因素的影响相对较少，客观性强；⑥工具，定量分析可借助计算机等现代化手段来完成，效率较高。

定量分析包括如下基本步骤：

第一步，对数据资料进行统计分类，描述数据分布的形态和特征。

第二步，通过统计检验、解释和鉴别评价的结果。

第三步，估计总体参数，从样本推断总体的情况。

第四步，进行相关分析，了解各因素之间的联系。

第五步，进行因素分析和路径分析，揭示本质联系。

第六步，对定量分析的客观性、有效性和可靠性进行评价。

定量分析比较适用于下列情景：

第一，对群体的状态进行综述。

第二，评比和选拔。

第三，从样本推断总体。

第四，对可测特征进行精确而客观的描述。

（3）定性分析与定量分析相结合。定性分析和定量分析这两种方法各有所长，两者是优势互补的。评价者绝不能根据自己的偏好，盲目地信奉、赞赏某一种方法，而排斥、贬低另一种方法。

在分析评价数据时，评价者应当根据评价信息的特性和其他因素选择最适当的方法。如果评价信息主要用于帮助被评价者改进工作，定性分析比定量分析更有价值；而当评价的主要目的是比较、评比时，定量分析更为适合。因此，评价者应当尽可能地综合使用两种方法，从质和量两个侧面把握被评价者的本质特性，在此基础上作出符合实际的综合判断。

此外，任何事物都是质和量的统一体，在实际运用中，定性和定量方法并不能截然分开。一方面，量的差异在一定程度上反映了质的不同，同时由于量的分析结果比较简洁、抽象，通常还要借助于定性的描述，说明其具体的含义；另一方面，定性分析又是定量分析的基础，因为定量分析的量必须是同质的——在数据分析前先要判断数据的同质性，在需要时，有些定性信息也可进行二次量化，作为定量信息来处理，以提高其精确性。例如，评价者根据需要可以将等级评语"好、较好、一般、较差"赋值为"4、3、2、1"等，以便进行量化处理。

（二）评价结果的呈现

评价者需要将评价的有关情况和结论形成书面报告，内容包括评价的名称和宗旨、评价的项目和结果、参评者的名单和职务、评价的时间等。评价报告以简明扼要为宜，具体资料，如各种数据、访谈记录、分析说明等可作为附件。

呈现评价结果可以采用不同的方式，如文字、表格、统计图表等。采用文字方式时，教师需要理解在什么样的情况下才适合运用此种方式，书写时需要注意哪些问题；采用表格方式时，教师应能对表格进行操作，理解表格运用的范围，分析出表格数据体现出的信息及其背后隐藏的信息等；采用统计图表方式时，教师需要学会生成统计图表，理解其适用范围，解读其体现出的信息。

1. 文字方式

评语是教师对学生学习的一种最常用、最简单的评价方式，是让学生及时了解自我、改正错误、找出差距、努力进步、健康发展的重要途径，也是与学生沟通思想情感、推进学生积极思维、培养学生创新能力的有效方法之一。评语有课堂教学的口头评语和作业作文的书面评语。

教师使用评语等文本方式表述评价结果时的注意事项如下：

（1）有导向性。教师的评语不仅要反映学生解题的正误，对学生进行恰当的学法指导，使学生形成正确的思维方法，而且要注意挖掘学生的智力因素。通过积极引导，激发学生的学习兴趣，拓宽学生的思路，培养学生自主创新的意识。

（2）有激励性。教师的评语不仅判断正误、了解学生的认知水平，还要注意对学生非智力因素的评价。教师应当在评语中对学生进行鼓励。

（3）有差异性。每个学生都有各自的性格特点、兴趣爱好、优缺点，评语不能千篇一律，要体现个性，切忌泛泛而谈。教师的评语要因人而异，因材施教，评语的表述在注意体现学生差异性的同时，还要注意把握学生的个性特点。

（4）有准确性。教师准确而又得体的评语能极大地调动学生的学习积极性，营造一种生动、活泼、和谐的教学氛围。

（5）有幽默性。评价时，风趣幽默、生动优美的语言是不可或缺的。幽默生动的语言与正面说教相比，没有耳提面命的强制性；与批评指责相比，避免了简单粗暴的弊端。

（6）有思维性。教师在进行课堂评价时，要充分施展自身的创造才能，灵活运用教学机制，将预设性语言和随机性语言结合起来，根据学生的反馈信息、突发情况，临时调整预设的口语流程，快速反应，巧妙应对，独特创新地给出评语。

2．表格方式

Excel 软件的一个突出特点是采用表格方式管理数据，从而使数据的处理和管理更直观、更方便、更易于理解。表格的处理操作，如增加行、删除列、合并单元格、表格转置等，只需简单地通过菜单或工具按钮即可完成。此外，Excel 软件还提供了数据和公式的自动填充、表格格式的自动套用、自动求和等计算、记忆式输入、选择列表、自动更正、拼写检查、审核、排序和筛选等众多功能，可以帮助用户快速高效地建立、编辑、编排和管理各种表格。

3．统计图表方式

在教学中，我们可以运用形象的统计图表来表达抽象的数据，以此来改善工作表的视觉效果，更直观、形象地表现出工作表中数字之间的关系和变化趋势。运用统计图表，能使定量分析更加准确、清晰，使教学评价更加接近实际教学情况，有助于查找影响教学质量的原因和确定教学管理的重点。

Excel 中的图表就是一种很好的图表表达和处理工具。图表的创建基于一个已经存在的数据工作表，所创建的图表可以与源数据表格同在一张工作表上，也可以单独放置在一张新的工作表（又称图表工作表）上，所以图表可以分为两种类型：一种是图表位于单独的工作图中，也就是与源数据不在同一个工作表上，这种图表称为图表工作表，即工作簿中只包含图表的工作表；另一种则是图表与源数据处于同一工作表上，作为该工作表的一个对象，称为嵌入式图表。

Excel 的常见图表类型及用途如下：

（1）柱形图。柱形图用于显示一段时间内的数据变化或显示各个项目之间的比较情况。其中，堆积柱形图用于比较分类数据的合计值，百分比堆积柱形图常用来比较分类数据之间的构成差异。

（2）条形图。条形图与柱形图类似，条形图显示各个项目之间的比较情况。通常使用条形图的情况：①轴标签过长，②显示的数值是持续型的。

（3）折线图。折线图可以显示随时间（根据常用比例设置）而变化的连续数据，因此非常适用于显示在相等时间间隔下数据的变化趋势。它强调数据的变化率。

（4）XY 散点图。散点图通常用于显示数据分布、比较数值，例如科学数据、统计数据和工程数据。XY 散点图既可以用来比较几个数据系列中的数值，也可将两组数据分别作为 XY 坐标轴来绘制。实践中，可用于显示实验数据，并与标准线（另行绘制）进行对比。

（5）饼图。饼图显示一个数据系列中各项的大小与各项总和的比例。饼图中的数据点显示为整个饼图的百分比。

（6）圆环图。圆环图类似于饼图，也用来表示部分与整体的关系，但圆环图能表示多个数据系列，每一个环形表示一个数据系列。

（7）面积图。面积图用来比较多个数据系列在幅度上的连续变化情况，可以直观地看到部分与整体的关系。面积图强调的是数据的变化量。

（8）雷达图。雷达图常用来综合比较几组数据系列。在雷达图中，每个分类都有自己的数据坐标轴，这些坐标轴从中心点向外呈辐射状，同一系列的数据都用折线相连。实践中，常用于力场分析或相关性分析。

（9）曲面图。曲面图常用来寻找两组数据之间的最佳组合，而且曲面图还可以用不同的颜色和图案来指示在同一取值范围内的区域。

（10）气泡图。气泡图是一种特殊的散点图，气泡大小可以用来表示数据组中第三变量的数值。实践中，常用于风险分析等场景。

（11）圆柱、圆锥和棱锥图。可以使三维柱形图和条形图产生良好的立体视觉效果。用法与柱形图类似。

第五章 信息技术与现代教学课程的整合

第一节　信息技术与课程整合的模式

"信息技术与课程整合是改变传统教学结构、实施创新人才培养的有效途径，也是目前国际上基础教育改革的趋势与潮流。"① 信息技术与学科教学整合可看成实现教与学最优化的一个过程，在这个过程中要用先进的教育理论作指导，充分发挥信息技术和信息资源的作用，合理地进行信息化教学设计，实现课堂教与学方式的根本性变革，从而达到培养学生创新精神和实践能力的目标。

在整合过程中，教师在不同教育思想理论的指导下，应用不同的信息技术手段和信息资源进行信息化教学设计，可形成多种信息技术与学科教学整合的模式。针对教学内容与学生特点，合理选择学科教学整合模式，有利于提升课堂上教与学的效果。

一、信息技术与课程整合的内涵

信息技术与各学科课程的整合伴随着以计算机与网络为核心的信息技术进入教学后的应用、探索、实践与反思而逐渐形成。通过长期的理论与实践研究，信息技术与各学科课程整合的概念逐渐清晰起来，教学目标也明确下来。

信息技术与课程整合的内涵包括这些方面：①信息技术与各个学科教学的整合，如各种教学媒体融合于课程教学中，方便教师的"教"；②信息技术与学习活动的整合，如让学生开展小组学习、合作学习、探究学习等，方便学生的"学"；③学科教学与学生学习活动的整合，用以促进学生的实践活动能力与创新能力。

信息技术与课程整合是指在学科教学过程中把信息技术、信息资源和课程有机结合，建构有效的教学方式，促进教学的最优化。

二、信息技术与课程整合的目标

信息技术与课程整合的总体目标就是要通过现代信息技术（特别是多媒体和网络通信

---

① 胡涛. 信息技术与小学数学课程整合的教学模式和需要注意的问题 [J]. 辽宁教育研究，2003 (7)：94.

技术）所提供的信息化环境，实现一种全新的教与学方式，从而彻底变革传统的教学结构，培养出大批 21 世纪所需的创新人才。

（一）教师的目标

1. 促进信息素养

在教育信息化的进程中，教师要实现信息技术与课程整合，必须提升自身的信息素养。具体而言，应该掌握信息检索、加工与利用的方法；掌握常见教学媒体选择与开发的方法；掌握信息化教学设计方法；掌握课堂信息化教育实践方法，如课堂信息化教育实践模式、多媒体网络教学系统的使用方法；掌握教学媒体、教学资源、教学过程与教学效果的评价方法等。

2. 发展教学方式

在许多传统的教学方式中，如常见的"满堂灌"方式，教师对知识讲解得系统、充分，逻辑性强，赋予了知识高效率的特点，却忽略了学生对知识主动建构与创新能力的培养。通过信息技术与课程整合，教师可以利用信息化的教学模式，充分发挥学生自主、合作和探究的学习能力，从而改革传统教学方式的弊端。

3. 实现教学"融合"

"整合"就是把信息技术融入课程、融入教与学的过程以及融入课堂中。这里的课程、教学和课堂是主体，技术则是一种不可缺少的新颖的学习手段和方式。在这种有机融合的过程中，信息技术将作为演示工具、交流工具、认知工具、个别辅导、研发工具、提供资源环境的工具等来充分发挥其教学功能。

4. 优化教学过程

要求在先进的教育思想、理论的指导下（尤其是建构主义理论的指导下），把以计算机与网络为核心的信息技术作为促进学生自主学习的认知工具与情感激励工具来促进传统教学方式的根本变革（也就是促进以教师为中心的教学结构与教学模式的变革），从而达到培养学生创新精神与实践能力的目标。

（二）学生的目标

学生的培养目标如下：

第一，培养学生的创新精神和实践能力。

第二，培养学生具有良好的信息素养。包括培养学生的信息意识、信息知识、信息能力与信息伦理道德。

第三，培养学生具有终身学习的态度和能力。

第四，培养学生掌握信息时代的学习方式。包括会利用资源进行学习；学会在数字化情景中进行自主发现的学习；学会利用网络通信工具进行协商交流，合作讨论式的学习；学会利用信息加工工具和创作平台，进行实践创造的学习。

三、信息技术与课程有效整合的原则

信息技术与课程整合是否有效可以从三个方面衡量：一是看学生的学习效果和效率是否得到了提高；二是看学生是否形成了良好的信息素养；三是看信息技术与课程的整合是否促进了学生终身学习能力的形成。要实现这三个标准，需要遵循有效整合的基本原则，具体如下：

（一）学习共同体的支持

学生进行小组学习讨论或形成良好的学习共同体，能够加深对知识的理解，互相帮助掌握技能。在信息技术支持的合作学习中，学习者的个人目标和小组目标之间是积极的相互依赖关系，即只有小组成员都完成了各自的目标，才能获得成功，这是一种，"荣辱与共"的交互方式，不仅锻炼了学习者的团队协作能力，同时提升了整个学习共同体的学习效果。

（二）联系现实背景情况

在生活化的情景下进行学习，可以使学习者充分利用自己原有认知结构中的已有经验去同化当前学习到的新知识，从而产生有意义的学习。在技术整合的过程中，教师可以利用信息技术为学生创设真实的问题情景，结合时代背景，激发学生学习与探究的兴趣。

（三）支持性和挑战性的环境背景

支持性是指教师所提供的一切帮助都应该为学生富有成效地参与学习活动提供条件；挑战性是指要激发学习的创新思维、参与意识，而不仅仅是被动地接受知识，更应主动地投入到学习当中。在以任务驱动或以问题为核心的教学策略的应用中，经常要利用信息技术来为学生设计支持性的学习环境，让学生以接受挑战性的任务方式来进行学习。

（四）多种评估方法

信息技术的发展为多样性的评价提供了支持，既可以对动态的学习过程进行评价，对复杂的思维过程进行测量评估，也可以对学习结果进行多角度测量。例如利用"电子档案袋"的方式收集学生的作品、参加小组讨论记录、自评与他评的材料、各种测试成绩、自己的反思等。利用网络协作学习平台自动记录学生在平台上发布的个人作品、讨论发言、与远程伙伴的协作交流等学习活动记录，实现对动态的学习过程做评价。

（五）优异的学习策略指导

在教学设计中，教师要把助学策略作为教学策略的重要组成部分，以帮助、促进学生的学习。在信息技术的支持下，助学策略实施会更加有效。例如：通过媒体提供形象的学习材料，促进学生的有意义学习；引导学生进行自我监控；要求学生反思学习过程，发现问题并解决问题；向学生演示如何把知识、态度和情感迁移到其他情景或任务中。

四、信息技术与课程整合模式的类型

第一，基于信息技术的作用。对于不同学科定位，信息技术的作用是不一样的。可以将信息技术与课程整合分为三种基本课程模式：将信息技术作为学习对象的学科本位型课程模式；将信息技术作为教学工具的学科辅助型课程模式；将信息技术作为学习资源、工具与手段的学科研究型课程模式。

第二，基于教学过程的阶段。在教学过程的不同阶段，可以将信息技术与课程整合分为三种模式："课前阶段"模式、"课后阶段"模式和"课内阶段"模式。

第三，从学科的角度看。可以将信息技术与课程整合模式划分为数学、物理、化学、语文、历史、地理等不同学科的课内整合教学模式。

第四，从教学策略划分。可分为自主探究、协作学习、演示、讲授、讨论、辩论、角色扮演等不同策略的课内整合教学模式。

第五，从技术支撑环境划分。有基于网络、多媒体、软件工具、仿真实验、投影教室、多媒体网络教室等不同技术支撑环境的课内整合教学模式。

（一）情景—探究整合模式

情景—探究教学模式，是一种注重利用信息技术的优势创设真实的情景，提供真实的活动。在学习者解决问题的活动过程中，教师或专家为学习者提供指导和支架，强调认知工具、资源的运用、知识的协作和社会性建构，促进学习者在学习过程中清晰地表达理解和反思，并注重对任务中的学习实施真实性的评价。

这一模式分为如下步骤：

第一，利用数字化的共享资源，创设探究学习情景。

第二，指导初步观察情景，提出思考问题，借助信息表达工具（如 Word、BBS 等）形成意见并发表。

第三，对数字化资源所展示的学习情景，指导学生进行深入观察和探索性的操作实践，从中发现事物的特征、联系和规律。

第四，借助信息加工工具（如 PowerPoint、FrontPage 等）进行意义建构。

第五，借助测评工具，进行自我学习评价，及时发现问题，获取反馈信息。

（二）资源利用—主题探究—合作学习整合模式

资源利用—主题探究—合作学习整合模式主要适用于校园网络环境，这一模式分为如下步骤：

第一，在教师指导下，组织学生进行社会调查，了解可供学习的主题。

第二，根据课程学习需要，选择并确定学习主题，制订主题学习计划（包括确定目标、小组分工、计划进度）。

第三，组织协作学习小组。

第四，教师提供与学习主题相关的资源目录、网址、资料收集方法和途径（包括社会资源、学校资源及网络资源的收集）。

第五，指导学生浏览相关网页和资源，并对所得信息进行去伪存真、选优除劣的分析。

第六，根据需要组织有关协作学习活动（如竞争、辩论、设计、问题解决或角色扮演等）。

第七，形成作品。要求学生以所找到的资料为基础，做一个与主题相关的研究报告（形式可以是文本、电子文稿、网页等），并向全体同学展示。

第八，教师组织学生通过评价作品，形成观点意见，达到意义构建的目的。

（三）研究性学习整合模式

"研究性学习"教学模式的含义：所谓基于研究性学习的教学模式（也称"研究性学习"教学模式或"专题研究性学习"教学模式）实际上是在学科教师的组织与指导下，将研究性学习方式与学科的教学过程相结合而形成的一种全新教学模式。

"研究性学习"教学模式的实施步骤：①提出问题；②分析问题；③解决问题；④实施解决问题方案；⑤总结提高。

上面是教学中经常用到的整合模式，我们在借鉴的时候要注意影响教学模式选择的因素：①根据教学目标选择教学模式；②根据教学内容选择教学模式；③根据学习者的特征选择教学模式；④根据教师的自身特点来选择教学模式。

每种模式给我们的教学提供的只是范式，教师往往要根据教学的实际情况具体选择教学模式，还可以把各种模式进行综合运用。所谓教无定法，想要教会学生具有创新意识与创新能力，教师在教学中不要生搬硬套各种模式，自己不断创新、灵活运用，才有可能给学生带来耳目一新的课堂，才能培养学生的创新精神。

第二节　信息技术与学科课程的整合

一、信息技术与语言类课程的整合

语言类的课程包括语文与外语等课程，这类课程都有一个共同的特点：工具性与人文性统一。

信息技术与语言类课程整合策略如下：①创设情景—讨论交流；②整合资源—信息加工；③设计任务—信息表达。

二、信息技术与文史类课程的整合

文史类课程是指历史、政治等社会属性强的学科。信息技术与文史类课程整合就是要充分地发挥信息技术资源丰富、直观高效、跨越时空等特点，变革与优化教学过程，促进学生对相关信息的提炼、加工和意义建构。

信息技术与文史类课程整合策略包括：①注重信息呈现的直观性；②赋予学生自主加工学习内容的权利；③注重学习过程中的启发与引导；④构建开放性的课程内容。

三、信息技术与数理类课程的整合

数理类课程是指数学、物理等逻辑类课程。在数理类课程的学习中，信息技术可以起到激发学习动机、提供信息处理工具等作用。

信息技术与数理类课程整合的策略包括：①创设情景—激发求知欲望；②问题解决—联系起数理逻辑与现实应用；③适度有效地使用信息技术。

四、信息技术与艺术类课程的整合

艺术课程不是各门艺术学科知识技能数量的累加，而是综合发展学生多方面的艺术能力。艺术课程旨在培养学生的艺术素质，使学生养成正确的审美经验，掌握基本的艺术表达方式，表达自己的情感与思想。艺术课程不仅仅是培养学生的艺术能力，同时还培养学生的整合创新、开拓贯通和跨域转换的多种能力，促进人的全面发展。

信息技术与艺术类课程整合的策略包括：①展现原创作品，让学生真实体验艺术；②开展自主探究与合作，让学生全面理解艺术；③提供交流平台，打造艺术交流的氛围。

五、信息技术与实验类课程的整合

实验往往是一门学科教学的重要组成部分，通过实验学生可以将课堂所学的理论知识应用于实践，验证理论规律，探究未知世界，求索科学规律，从而形成理论联系实践的方法论。在整合实验类课程的时候，首要的问题就是要分析哪些实验适合于虚拟实验。

信息技术与实验类课程整合的策略包括：①使用课件展示分析微观和抽象的过程；②利用多媒体软件自主练习实验技能；③利用虚拟实验室设计实验、探索规律。

第三节 信息技术与教育教学的深度融合

"信息技术和教育教学的深度融合，根源于教育教学与信息技术的互动作用，以追求教育教学的精细化为目的，实现现代教育信息的数字化。"[①] 从"信息技术与课程整合"到"信息技术与教育教学的深度融合"的观念更新，强化了信息技术在推动教育教学改革以及教育信息化进程中的作用，明确了实现教育信息化目标的有效途径与方法。

一、信息技术与教育教学深度融合的定义

"信息技术与教育教学深度融合"是在认同和肯定"信息技术与课程整合"的基本思想与认识的基础上，针对教育实践中"整合"的力度不够深入、范围不够全面的现状而提出的。"整合"侧重于信息技术作为工具和手段推动课程教学方式的变革与创新，"深度融合"则强调运用信息技术实现教育系统的结构性变革。

---

① 张楠. 信息技术与教育教学深度融合 [J]. 丝路视野, 2018 (36): 44.

以前"信息技术与学科教学的整合",只是从改变"教与学环境"或改变"教与学方式"的角度去强调信息技术在教育领域的应用,只是将信息技术应用于改进教学手段、方法这类"渐进式的修修补补"上,还没有触及到教育的结构性变革。而现阶段信息技术与教育教学的深度融合是在这些层面的基础上实现本质的变革,是需要改变传统的"以教师为中心"的课堂教学结构,催生"主导主体相结合"的现代化教育教学结构,并实现价值的最大化。

教育系统的核心是课堂教学系统,课堂教学系统是由教师、学生、教育内容和教育媒体四个要素构成的。信息技术与教育教学的深度融合改变了以下四个要素地位和作用:

第一,教师要由课堂教学的主宰和知识的灌输者,转变为课堂教学的组织者、指导者,学生建构意义的帮助者、促进者,学生良好情操的培育者。

第二,学生要由知识灌输的对象和外部刺激的被动接受者,转变为信息加工的主体、知识意义的主动建构者和情感体验与培育的主体。

第三,教学内容要由只是依赖一本教材,转变为以教材为主并有丰富的信息教学资源相配合。

第四,教学媒体要由只是辅助教师突破重点、难点的形象化教学工具转变为既是辅助教的工具,又是促进学生自主学习的认知工具、协作交流工具与情感体验与内化的工具。

二、信息技术与教育教学深度融合的发展思路

教育信息化的核心理念就是"信息技术与教育教学的深度融合"。信息技术与教学的深度融合就是要对信息时代的教学改革提供支撑,将信息技术引入教学的全方位和全过程,推动教育理念、教学方法和教学模式的深刻变革,实现"以知识传授为主"向"以能力素质培养为主"的教学方式转变、"以知识传授者为中心"向"以学习者为中心"的学习方式转变,实现应试教育为主向素质教育转变。

教育信息化的基本思路为"应用驱动、机制创新"。应用驱动是推进信息技术与教育教学深度融合的关键环节。关键要强调在教育教学过程中的应用,重点就是推进"三个用",即"课堂用、经常用、普遍用"。机制创新是推动教育信息化持续健康发展的根本保障:第一,建立"多方参与"的运行机制;第二,建立"试点先行、典型引路"的推进机制;第三,建立"协同推进"的管理机制。

信息化教学是"信息技术与教育教学深度融合"的主要形式和途径,"深度融合"的目标指向只有通过有效的信息化教学才能够得到落实。"互联网"更成为新一轮促进教育领域持续变革的启动机。各种新理念、新平台、新技术、新资源的持续应用,有力推动了

信息化教学变革与创新，目前取得的主要成果具体如下：

（一）互联网+教育

"互联网+教育"是互联网与教育领域相结合的一种新的教育形式，具有个性化、移动化、社会化和数据化的特点。"互联网+课堂教学"可以减少师生教学劳动的时间和强度，提高学习的效率和质量。"互联网+教育"不仅意味着用互联网技术武装教育教学手段，更重要的是用互联网思维来推动教育创新和教育变革。

（二）翻转课堂

翻转课堂（也称颠倒课堂或反转课堂）是一种新型教学模式，即在信息化环境中，教师提供以教学微视频为主要形式的学习资源，学生在课外时间完成对教学视频等学习资源的自主学习，而师生在课堂时间进行的是面对面一起解答疑惑、开展协作探究和互动交流等活动。翻转课堂是基于"混合式"学习方式，其教学过程包括课前的在线学习和课堂面对面教学这两部分。前者（在线学习）以学生自主学习为主，但并未忽视教师的启发、帮助与引导；后者（面对面教学）重视教师的指导作用，但更关注学生如何在教师的指导下，通过自主探究与小组协作交流来促进认知与情感的内化。

（三）BYOD 进课堂

BYOD 就是"自带设备"。BYOD，让每个学生都可以携带自己的设备进入"互联网+"时代并能进行个性化学习。学生把自己的手提电脑、平板、手机等数字终端带到学习和工作场所，满足了学习的泛在化和移动化需求，BYOD 已经成为移动学习最重要的数字入口。有了 BYOD，信息时代的混合学习才能随时和互联网"+"上。

面对"低头一族"的学生们，教师们曾经努力地拒绝手机进入课堂，然而智能手机尤其是宽屏手机的出现，以其便携、通讯方便等优点对传统课堂教学冲击极大。与其"堵"不如"疏"，BYOD 可以研究如何利用手机进行教学。对于大学生和职业技术学校的学生，研究如何利用手机进行移动学习逐渐显现出优势，把实际当中抽象的技能操作通过信息技术直观地展现在学生面前，使枯燥的概念和内容变得直观化、具体化、富有感染力，能极大提高教师的教学效果和学生的学习兴趣。

（四）慕课（MOOC）

所谓 MOOC，就是大型开放式网络课程的简称，是新型的网络在线学习模式，是一种基于高等教育资源共享的大规模网络公开课，国内人们大多称它为"慕课"。其实质在于通过网络技术和信息技术将优质的教育教学资源分享到世界的各个角落。大规模、开放、免费就是它区别于传统的学校教育最直接、最明显的优势。MOOC 没有很强的针对性，只要学习者有上网的条件和独立学习的能力，就可以自主的进行 MOOC 学习。

SPOC 即"小众私密在线课程"，是将 MOOC 与课堂教学相结合的一种混合式教学模式，是对 MOOC 的继承、完善与超越。由于在 MOOC 学习中师生难以实现面对面的交互，学生水平参差不齐，并且缺乏监督，存在不按时完成作业或中途退出的学习现象。SPOC 的小规模受众范围使得它更具有针对性，像传统的校园教学一样，教师可以给学生布置作业，也可以随时抽查学生的学习情况，更大程度的督促学习者，减少学习者因为不必要的外界或自身因素而放弃课程学习的几率。

（五）创客教育

随着互联网热潮、3D 打印技术、微控制器等开源硬件平台日益成熟，创客教育逐步兴起。广义的创客教育是指以培育社会大众的创客精神为导向的教育形态。狭义的创客教育是一种以培养学习者，特别是青少年学习者的创客素养为导向的教育模式。它包含正式学习，也包含贯穿学习者一生的非正式学习。创客素养是指创造性的运用各种技术和非技术手段，通过团队协作发现问题，解构问题，寻找解决方案，并通过不断的实验形成创造性的制品的能力。

创客教育继承了项目教学法、做中学、探究学习等以学生为中心的教学思想，并借助与信息技术的融合，开拓了创新教育的实践场。它鼓励学生发挥自己的特长并找到适合自己的学习方式。与传统模式相比，创客教育更加尊重学生个体的差异，还能为学生提供更为良好的互动和合作的空间。信息技术在外部为创客教育提供了可为环境，在内部促进了成员交流。借助信息技术的帮助，学生们能够通过网络获得更多的资源，并在不受限于空间和时间的情况下进行实时交流。创客教育所强调的创新精神和综合运用知识技能解决实际问题的能力，有助于发展学生的动手能力。

第六章 现代教育信息化的主阵地
——智慧课堂

第一节 智慧课堂的价值与意义

一、智慧课堂的定义与内涵

智慧课堂是教育信息化从理念到实践，从宏观到具体，最终聚焦到课堂教学的必然产物。随着新一代信息技术的迅速发展及广泛应用，信息技术与教学的融合不断深入，新的教学技术手段不断涌现，课堂教学模式也在不断发生变化。智慧课堂的核心在于用最新的信息技术手段来变革和改进课堂教学，解决传统课堂教学中长期存在并难以解决的问题，打造智能、高效的课堂，通过智慧的教与学，促进学生个性化成长与智慧发展。

（一）智慧课堂的提出与定义

1. 智慧课堂概念的提出

"智慧课堂是将先进科技与教学有机融合的智慧型教学环境，是互联网+时代发展的产物，是针对教师和学生构建的智慧化的学习活动场所，使教学智慧化，更好地服务教育活动。"[①] 智慧课堂概念的提出，实际上是"互联网+"时代新一代信息技术与教育教学融合发展的必然结果，是学校教育信息化聚焦于教学、聚焦于课堂、聚焦于师生活动的客观趋势。当今社会进入大数据时代，大数据、云计算和移动互联网等新一代信息技术的出现将会对社会各个领域产生深刻影响，在学校教育领域也不例外，基于大数据等新兴信息技术来分析和改进学习行为，变革传统课堂模式，解决传统课堂教学中难以解决的问题，已成为新时代信息化教学发展的必然趋势。

基于不同的视角，对智慧课堂的概念有不同的理解。目前国内对智慧课堂的理解总体上有两类：一类是从教育视角提出的，认为课堂教学不是简单的知识传授或学习的过程，

---

① 李杰. 智慧课堂概述 [J]. 考试周刊, 2019 (31): 16.

而是师生情感与智慧综合生成的过程，智慧课堂的根本任务是"开发学生的智慧"，这里的"智慧课堂"的概念是相对于"知识课堂"而言的；另一类是从信息化视角提出的，指利用先进的信息技术手段实现课堂教学的信息化、智能化，与之相对的是使用传统手段的课堂。从信息化的视角来看，在英文中与"智慧"有关的表达有三种，即 smart、intelligent 和 wisdom。最早提出的是"智慧地球"的概念，随后出现智慧城市、智慧教育、智慧课堂、智慧学习等概念。基于这一理解，现在人们所说的"智慧课堂"实质上就是智能化课堂，主要是从信息化的视角理解的，即使用先进的信息技术实现教育手段和课堂的智能化，进而实现教育教学的智慧化。

在国内的学校信息化教学实践探索中，随着信息技术的不断发展及其在学校教育教学中的广泛应用，从早期的辅助教学手段向与学科教学的深度融合发展，传统课堂向信息化、智能化课堂发展，人们对智慧课堂的认识也在不断深化。近几年在各地各校进行的"电子书包""智慧教室""一对一数字化学习""智能学习终端"等实验，都是对智慧课堂的有益探索，也为我们界定智慧课堂的概念，进行相关理论研究奠定了基础。

2. 智慧课堂的定义

"互联网+"时代的智慧课堂，是以建构主义学习理论为依据，利用"互联网+"的思维方式和物联网、云计算、大数据、人工智能等新一代信息技术构建智能、高效的新型课堂，实现教学决策数据化、评价反馈即时化、交流互动立体化、资源推送智能化、实验过程数字化和教学呈现可视化，创设有利于协作交流和意义建构、富有智慧的学习环境，促进课堂教学结构和学科教学模式变革，实现全体学生的智慧发展。

从教学应用的视角来看，智慧课堂是现代信息技术与课堂教学深度融合与创新发展的产物，是新时代信息化课堂与新课程改革有机结合、融合于一体的课堂教学新形态。智慧课堂的新含义的新特征包括：一是从关注技术向关注教与学本身转变，适应新课程改革深化发展的需要，以支持学生核心素养发展为根本宗旨；二是在技术应用上深化发展，利用"互联网+"的思维方式和物联网、云计算、大数据、人工智能等新一代信息技术支持从一般智慧课堂向学科智慧课堂发展，形成学科智慧课堂特色；三是构建全新的智慧教学模式，促进基于数据的精准化教学和个性化学习，实现教学系统的结构性变革（信息技术支持下的"课堂革命"）。

（二）智慧课堂的基本内涵

"互联网+"时代智慧课堂的概念具有丰富的内涵和显著的特色，正确理解上述智慧课堂的定义，重点要把握以下五个方面：

1. 以建构主义学习理念指导顶层设计

在智慧课堂构建的基本理念上，依据的是建构主义学习理论进行顶层设计。建构主义学习理论是互联网时代的核心教育理论，是网络环境下教育教学设计的核心理念，为智慧课堂的构建奠定了坚实的理论基础。智慧课堂以建构主义学习理论为指导设计课堂教学模式和教学环境，能够贯彻"以学生为中心"的核心思想，准确把握情境创设、协商会话、信息提供等关键要素，增强学生的主体地位，激发学生的学习兴趣和主动学习意识，促进学习者主动建构知识意义。

2. 用现代信息技术建立智慧学习环境

在智慧课堂的支撑技术上，采用现代化的分析工具和方法，对教学过程中生成的海量数据进行加工、挖掘和分析，基于数据处理和分析进行教学决策，区别于传统的教学评价模型和方法。同时，智慧课堂采取"云、网、端"的服务方式来部署其信息化平台，通过教室内多种终端设备的无缝连接和智能化运用，打破了传统意义上教室的时空概念，重新定义了黑板、讲台等一系列传统意义上的教室应用，使传统课堂布局、形态和环境均发生了重大变革。

3. 用新技术解决传统教学中的难题

传统课堂教学中长期存在不足，如始终以教师为中心、忽视学生主体地位、基于经验预设教学、难以及时评测、师生互动不够、缺乏课内外协作互助等，许多学校试图解决这些难题，但在传统的模式、传统的技术条件下难以找到有效的解决办法。借助于智慧课堂信息化平台，利用大数据、云计算等新技术，能实现教学决策数据化、评价反馈即时化、交流互动立体化、资源推送智能化，增进课堂学习的交互与协作，以有效地解决过去的难题。我们在技术应用深化发展的过程中，始终围绕新课程改革的需要，从一般智慧课堂向学科智慧课堂发展，逐步形成学科智慧课堂特色，解决学科教学中的难点问题。

4. 精准化、个性化教学

在智慧课堂的实践应用方面，实施的是课前、课中、课后的全过程动态学习评价和精准化教学应用：基于智慧课堂信息化平台，在课前通过发布富媒体预习材料和作业，进行预习测评和反馈，深化学情分析，实现以学定教，优化教学预设，便于精准教学；在课中通过推送随堂测验，进行实时检测数据分析，促进互动交流，及时改进教学策略，调整教学进程；在课后通过多元化、个性化作业推送、批改和数据分析，实施针对性辅导和分层作业，真正实现"一对一"的个性化教学和因材施教。

5. 促进学生核心素养

智慧课堂的构建在形式上是利用新一代信息技术全面变革传统课堂教学的结构、形态，建立大数据时代的信息化课堂教学模式，提升课堂的信息化、智能化水平。但从本质上来说，智慧课堂构建与应用的根本目的是更好地培养人才。因此，新的智慧课堂定义强调从关注技术向关注教与学本身转变，适应新课程改革深化发展的需要，以支持学生核心素养发展为根本宗旨。在智慧学习环境下，课堂评价决策和交互协作能力得到了提高，智慧的教和智慧的学得到了实现，每个学习者都能沿着符合个性化特征的路径成长，从而得到充分有效的智慧发展。

二、智慧课堂的意义与价值

基于大数据学习分析的智慧课堂，是一种新型的课堂教学形态，综合解决了传统教学过程中存在的问题，增强了课堂决策分析和互动能力，提高了课堂教学质量和效率。智慧课堂对传统教学产生了"革命性"的影响，在教学实践中具有重要的特色和应用价值，主要体现在以下五方面：

（一）构建理想的学习环境

建构主义理论强调学习环境的创设与应用。理想的学习环境包括情境、协作、会话和意义建构四大要素。智慧课堂依据建构主义理论设计课堂教学模式，能够非常好地满足建构主义学习理论对学习环境所提出的较高要求。智慧课堂按照知识建构螺旋上升的特点，围绕课前、课中、课后的教学闭环，利用多种新媒体、新技术和智能设备，基于动态学习数据分析和"云+端"的运用，能够创造和展示各种趋于现实的学习情境，增进师生间、生生间的立体化沟通交流，有利于开展协作、探究学习，实现学习者知识意义的建构。

（二）促进课堂形态的发展

智慧课堂教学中现代信息技术手段的深度应用，使课堂形态发生了重大变革。新技术、新媒体和智能终端为学习者提供了丰富的认知工具与支撑环境，为师生建立了更为开放的教室，更为开放的课堂活动。例如，云端智慧教室无传统的讲台与黑板，课桌以分组讨论方式摆放，在教学过程中采取多元的交互协作方式，教师面向学生教学并直接融入小组讨论；教师可以通过手中的任意移动终端设备（手机、平板电脑）实现书写并向教室内大屏幕投射，教师常用的 PPT 不仅仅是一帧一帧展示用，更是可以进行任意的手写、标注、推演等，传统的课堂已经变成数字化的"体验馆""实验场"。

(三) 打造新型课堂教学结构和模式

大数据背景下的智慧课堂教学，在教学观念、教学内容、教学方式和教学流程上都发生了重大变化，课堂教学模式得到了"颠覆"：从以教师为中心、强调知识传授的传统教学转变为以学生为中心、强调能力培养；从传统多媒体教学的"望屏解读"向师生共同使用技术转变，师生、学生之间的沟通交流更加立体化，可以无障碍地进行即时交流互动；学习资源实现富媒体化、智能化、碎片化，按需推送、实时同步。课堂结构发生了变革，教学进程从"先教后学"到"先学后教""以学定教"，学习与智能测评在前，教师依据课前测评分析，有的放矢，分层教学，通过微课、分组讨论、精讲点评、分层练习等方式组织更加个性化的课堂教学，课后教师能够给每个学生发布个性化的作业，真正实现了个别化教学和因材施教。

(四) 构建学习分析与评价体系

基于动态学习数据分析的智慧课堂，其核心是对学生的学习全过程进行动态、实时的诊断评价和反馈。利用大数据学习分析技术提供测评练习，教师能够快速地对学生的学习全过程作出诊断评价。例如，通过智能评测系统实现数字化作业或预习预设的问题评测，收集、判断学生已掌握的知识和技术，根据系统自动数据分析与反馈信息，得到及时、准确、立体的备课信息，据此实现有的放矢的备课，选择合适的教学策略。通过随堂练习及评测系统实现实时测评、统计，根据系统快速分析与反馈的学生课堂学习效果，及时调整课堂教学进度与内容，体现教师的教学机制，展示教学艺术。在智慧课堂教学形态下，教师依据系统的数据分析，引导学生学习，并通过课后作业数据分析和反思评价，对学生进行个性化的辅导和实现教学的持续改进。

(五) 智慧课堂的常态化应用

智慧课堂取得实际成效的前提是常态化应用，常态化应用的前提是具有先进、方便、实用的工具手段。智慧课堂信息化平台提供了"微课"制作与推送功能、动态学习评价与数据分析功能、灵活方便的智能终端应用功能等，实现了常态化教与学的应用。例如，"微课制作与应用平台"相对于传统的教学视频制作和应用工具来说，更加简单、方便、实用，使智慧课堂的实现不再只处在表演阶段，因为其技术足够简单与便捷，教师能快速融入日常教学之中；随堂录制的微课，因为其足够"小"，足够方便，让微课的制作与应用实现常态化。师生端应用工具是具有即时通讯功能的教学工具，支持包括苹果、安卓、

Windows 在内的多应用平台，可以实现师生在课堂教学中的立体沟通，同时可以实现师生间课前、课后的随时随地问答、讨论与教学交流，保证了基于"端"的教与学的应用常态化。

第二节　智慧课堂的教学平台与微课资源

一、智慧课堂系统

随着信息技术在教育教学领域的广泛应用，人们越来越认识到，智慧课堂绝不是一个简单的技术问题，而是一个包含诸多层次与环节的复杂系统。要准确把握智慧课堂构建与发展的特点，更好地规划智慧课堂建设，首先就需要从总体上构建智慧课堂的体系结构，再在此基础上探索推进智慧课堂建设的方法和路径。

（一）智慧课堂系统的总体框架

智慧课堂，实质上是"互联网+"背景下基于动态学习数据分析和"云、网、端"运用的新型信息化课堂教学形态，是由信息系统、人及其活动等组成的一种课堂教学体系。

实际上，本书所界定的智慧课堂是信息技术与课堂教学深度融合的新型课堂形态，是从新时代教学应用的视角研究与构建的。智慧课堂教学体系不仅限于信息技术要素（信息化平台、资源和工具），而是包括人（教师和学生）和活动（课前、课中、课后教学环节）等要素的完整的教学体系。这也是我们定义的"智慧课堂"不同于"智慧教室""未来教室"等概念的根本区别所在。

从智慧课堂教学的要素、关系和活动的整体结构等方面来考察，智慧课堂教学体系的总体框架是由资源管理与服务、动态评价与分析、教学应用支持、教学活动流程等四个要素组成的体系架构，可以形象地用一个四面体结构来表示。

（二）智慧课堂系统的构成要素

智慧课堂教学体系是由相关要素、关系及活动等构成的整体结构，要准确把握智慧课堂教学体系的内涵和特征，应对这些要素进行具体剖析。智慧课堂教学体系总体上是由教学活动流程、教学应用支持、动态评价与分析、资源管理与服务等四个要素组成的智慧教学服务体系。我们对其具体内涵分析如下：

1. 教学活动流程

课堂教学活动流程即智慧课堂的教学活动程序和方式。对智慧课堂教学程式的研究，包括教学结构理论模型分析和实用的教学流程分析，这里主要是指实用的教学流程。

实用的智慧课堂教学流程由课前、课中、课后三个环节组成。课前环节包括学情分析、预习测评、教学设计，课中环节包括课题导入、探究学习、实时检测、总结提升，课后环节包括课后作业、微课辅导、反思评价等。

2. 教学应用支持

教学应用支持即提供智慧课堂教学各类应用服务的系统平台与概念，是智慧课堂教学应用的基本工具，为智慧课堂的教与学终端提供应用支持。

教学应用支持平台包括硬件和软件两部分。硬件即师生智能移动终端设备，包括智能手机、平板电脑、可穿戴智能设备等。软件实际上是一类移动 App，提供智能终端的学习、交流、管理和应用功能，包括微课制作、微课应用、测验评价、统计分析、学习资源推送、沟通交流工具和第三方 App 应用等。

3. 动态评价与分析

动态评价与分析即利用伴随式数据采集，对学生学习和教师教学全过程进行多元化评价的系统，是智慧课堂的核心功能，是实现动态学习数据分析和评价的关键。

基于多元学习评价系统，实现课前、课中、课后的全过程动态测评和数据分析，提供对学习和教学的形成性评价、总结性评价和诊断性评价服务，包括测试系统、动态评价分析系统、GPA 综合评价系统和教学质量评价系统等子系统。

4. 资源管理与服务

资源管理与服务即对课堂教学的数字化资源进行制作、管理和服务的信息化平台及功能，它提供智慧课堂的教学内容基础，是实现智慧课堂教与学的基本支撑条件，采取的是云部署服务模式。

基于资源管理与服务平台，我们可以建立各学科课程标准、全科数字化教材、微课及多媒体课件、各类题库系统、教学动态数据和教育管理信息等资源库，提供学习资源的管理和服务。同时，可根据教与学的需要，提供资源订阅、自动推送等智能化的学习资源服务。

二、智慧课堂的信息化平台

从信息化视角研究和构建的智慧课堂，离不开信息化技术平台的支撑。其关键是利用云计算、大数据、物联网和移动互联网等新一代信息技术构建一个信息化、智能化的课堂信息化平台，形成富有智慧、有利于协作交流的新型学习环境，促进课堂教学形态、结构和模式的变革，实现课前、课中、课后全过程应用的智能、高效的课堂教学。

（一）智慧课堂信息化平台概述

智慧课堂信息化平台实际上是利用云计算、大数据、物联网和移动互联网等新一代信息技术打造的信息化、智能化课堂教学环境，目的是支持实现智慧的教与学。智慧课堂信息化平台总体上包括后台数据处理与支撑、前端移动应用和网络传输服务三部分。智慧课堂信息化平台的后台数据资源存储、处理和服务支撑所利用的是智慧教育云平台，前端应用所利用的是智能手机、平板电脑等智能移动终端设备及其 App 服务，并通过微云服务器、互联网等网络实现"云、网、端"的数据传输和交流互通。

因此，概括来讲，智慧课堂信息化平台是由"云、网、端"构成的课堂信息化环境。

（二）智慧课堂的组成

智慧课堂信息化平台的体系架构总体上包括"云、网、端"三大组成部分，即智慧课堂云平台、智慧课堂局域网、智慧课堂教学端三部分。其主要内容与功能概述如下：

1. 支撑平台：智慧课堂云平台

云平台是智慧课堂的核心支撑平台，提供云基础设施、基础支撑服务、资源服务、数据处理、教学服务等。比如构建完整的教学资源管理平台，可以进行结构化与非结构化数据的各种教育教学资源管理，支持各种教学资源的二次开发与利用，实现多种教学资源综合应用等。

智慧课堂云平台以云技术为核心，通过多要素、多层次系统架构，为智慧课堂教学提供应用服务支持和管理功能。一个完整的云服务平台，可以从云基础设施、支撑平台、资源服务、教学服务、应用终端等多个层面对智慧课堂云平台进行总体架构设计。

智慧课堂云平台的核心功能之一是提供数字化教学资源的管理与服务。先是为学校提供云基础设施、搭建支撑平台，再在此基础上提供相应的资源管理与服务，将师生在教学过程中产生的数字化内容通过平台提供的空间及资源管理系统，实现内容的"收、存、管、用"。通过作业及动态评价功能，为师生端应用提供学情实时测评分析和数据的即时分析反馈。另外，通过微课平台与课堂教学的衔接，既可以实现辅助教学，又可以提供完整的在线学习等。在这个过程中，需要教师参与到资源的二次开发和利用中，这一切都是为教学服务的。通过平台，教师能够进行备课和教学科研工作，学生能够进行个性化学习，师生可在课堂当中进行交互。智慧课堂云平台可以实现对各种结构化与非结构化教学资源管理与服务。

2. 局域网络：智慧课堂局域网

智慧课堂局域网是以微云服务器为核心组成的课堂局域网络。它提供本地网络、存储和计算服务，可以方便直接地将我们即时录制的当堂授课进行本地化存储，实现构建无线局域网、跨平台多屏互动、上传和本地化存储、动态数据统计与分析等一系列功能。通过构建无线局域网，教师和学生可以通过多种移动设备（同时支持安卓、苹果、Windows 等多操作系统），在无需互联网的状态下，实现任意点对点的通讯与交互，节省了大量互联网资源的占用。当连接互联网时，可以实现教室的跨越空间的直播。智慧课堂局域网的优势是：具有相对独立性，不受外网流量的限制，师生交互畅通无阻；不受外部无用信息的干扰，教学精准高效。

微云服务器支持教师的手持设备（平板或智能手机）屏幕投送到教室的投影仪、大屏幕或学生手持设备上，可以将教师或学生的 PPT 课件或作业任务内容进行转换，生成移动端应用所需要的标准格式，也可以将课堂教学全过程录制下来（音频、PPT 及板书），形成新的教学资源，资源上传网络后，可供学生点播和学习。同时微云服务器还能完成动态评价的数据分析计算的工作。微云服务器可以支持多操作系统。

3. 应用工具：智慧课堂教学端

智慧课堂教学端即智慧课堂的移动终端应用工具，包括教师端和学生端。智慧课堂信息化平台基于云计算、移动互联网等技术，实现了"云、网、端"的一体化，其中端应用工具是实现师生移动化课堂教学应用的基本手段。智慧课堂教学中的所有信息化支持系统都可以通过移动客户端访问，移动端的数据对应着云端服务器数据，移动端所有数据的修改变化都会同步在服务器实现移动应用。需要研发多种移动设备应用工具软件，来满足智慧课堂教学端工具的应用，包括微课制作与学习、课堂互动、作业与动态评价等工具。

智慧课堂教师端是教师进行智慧教学的基本工具。教师端实现微课制作、授课、交流和评价等功能，教师可通过教师端完成 PPT 导入、动画及视频插入、电子白板式任意书写、任务发布、作业批改、问题解答、个别辅导等工作。

智慧课堂学生端是学生进行智慧学习的基本工具。学生端包括微课学习系统、课堂互动系统、作业与动态评价系统。学生通过学生端可以接收并管理任务（作业），进行微课的学习、直接完成作业，进行师生交互、学生交互，查看成绩报告等。

三、微课及微课资源体系的建立

(一) 微课的定义

"微课"是一个缩写词，它的中文全称就是"微型视频网络课程"。微课教学是一种新的教学理念和教育模式在现代教育信息技术背景下的体现和应用。微课的产生和发展，突破了传统的教学理念和模式，符合信息时代学习者的认知心理和当下"微"时代的要求。认知负荷理论认为，认知负荷的影响因素包括学习材料的组织呈现方式、复杂性和个体已有的知识经验水平，学习的本质是通过施加精确水平的认知负荷来帮助学生进行图式的构建。微课为解决认知负荷问题提供了有效的手段。它的目标明确、内容短小、主题突出，在学习上更灵活、更便捷，提高了认知效率，有利于学生的自主学习、碎片化学习和个性化学习，符合现代学生学习"短、平、快"的需求。

(二) 微课资源体系的建立

在智慧课堂教学中，微视频是教学的核心资源。根据课前、课中、课后学习与教学的需要，应开发运用多种类型的微课资源。教育工作者要利用智慧课堂信息化平台，依靠广大教师制作多样化、系列化校本微课资源，同时注重教学过程中的资源再生和优质教育资源的共享，形成良性教学资源生态环境。

微课的智慧教学改革，首先要对微课内容进行统筹规划，面向学习者，从学生知识学习掌握的实际过程出发，精心设计，提出了"三微一精"数字化课程体系。

"微课堂"：主要是突出课堂教学中某个学科知识点（如教学中重点、难点、疑点内容）的学习。相对于传统一节课要完成的复杂众多的教学内容，"微课堂"应该更加精简、问题聚集、主题突出，更适合学生学习的需要，帮助学生更好地突破重点、难点。

"微课时"：即以重点常考题型或实际考题为出发点，精讲解题方法及过程，并与相关知识点对接，符合现代学生学习"短、平、快"的需求。

"微课业"：即学生巩固学习的形式和载体，主要指各种练习、作业，类型上有书面型（如习题）、专项型（如阅读、练笔）、实践型（如实验、实践）等。

"精品课程"：这是依托学校"名师工程"，由校内名师针对重点课程讲授、由专业人员利用录播教室进行专业制作的，具有完整课堂结构的在线教学内容，如优秀课、公开课等。

在"三微一精"课程体系中，"精品课程"是校本优质教学资源，主要用于教学观摩、竞赛、示范等，也可用于课堂教学。"三微"由所有任课教师利用微课工具自行录制，用于辅助教师课堂教学（如新课导入、重难点分析、考试辅导等），供学生自主学习、个性化学习。而且"三微"强调了内容与知识点的挂接，强调了学习、考试、作业过程的交互与推送，构成了"闭环"学习过程，学生可以从新课、考试或作业等任何一个节点进入学习。

第三节 智慧课堂的特征与基本范式应用

一、学科智慧课堂的特征及优势

中小学课堂教学是按学科课程分类进行教学实施的。由于不同学科在教学内容、教学方式、教学评价方面存在差异，因此在课堂教学实践运用中，各个学科的智慧课堂教学也具有不同的特点，形成了"4+N"中的"N"个学科个性特征。下面以语文、数学、英语、物理、化学、生物、历史智慧课堂为例，说明智慧课堂的特征及其优势。

（一）语文智慧课堂

1. 语文智慧课堂的特征

（1）鉴赏点评交互化。基于智慧课堂教学平台，语文课中的文本鉴赏与点评能够更即时、立体、直观、灵活、生动。师生、学生之间通过智慧课堂教学平台，无论课中学习还是课前预习、课后复习，都能实现即时无障碍的沟通与交流。这样有助于师生之间充分互动，碰撞出更多的思想火花，促使文本鉴赏的成果更全面、丰富、深刻。

（2）表达分享富媒化。智慧课堂提供给学生更多样的表达分享媒介。学生根据自身需求，可以自由选择诸如文字、图片、视频、语音等方式表达思想观点或分享好的学习资源及个人学习成果。简而言之，学生通过应用平台能够选择适合的途径，更恰切地表达自己的观点想法，师生之间也可以即时交流，互促进步。

（3）阅读资源库量化。智慧课堂教学平台能够提供强大的资源库，教师能够根据需要筛选整合优秀阅读资源，分类上传到平台资源库。学生通过智慧教学平台能够即时查阅或下载自己所需的阅读资源。整合后的资源库里的资源质量高，针对性强，学生查找方便，这样能够节省学生时间，提高学生学习效率和质量。

2. 语文智慧课堂的优势

（1）促进交流评点更全面充分。在高中语文教学中，经常需要教师的指引点拨和相应点评，学生之间的交流互评也很重要。传统课堂鉴于时空的局限，教师与学生之间、学生与学生之间的互动交流是较窄、较少的。而智慧课堂所提供的信息化平台打破了时空的限制，打造了更为开放持久的课堂，教师与学生间的交流评点更全面、立体、充分。在智慧课堂教学平台的支撑下，课前，学生能在平台上学习、交流、互评、分享，使预习更为深入，教师根据学生课前交流讨论成果完善教学设计，针对性地开展教学；课中，师生之间、学生之间利用平台即时对话、即时交流、即时点评，实现充分全面的互动；课后，教师在平台上整理分享课堂成果，学生也可以分享个性化解读及相应心得体会。从而实现了师生之间交互式、立体化的互动交流、互动评点，增加师生互动的广度和深度，切实提升学生的语文素养、理性思辨能力并促使学生形成积极的价值观，促进学生更好地成长。

（2）促进互动交流方式多样化。语文的课堂就是表达分享的课堂。智慧课堂提供的信息化平台，促进了教师与学生之间、学生与学生之间的表达分享更即时、全面、多样、充分。师生之间无论何时何地都能通过文字、声音、图片等多种媒体手段进行表达交流，教师可以通过微课对学生的学习进行指导点拨，学生也可以通过微课陈述自己的观点看法。信息化平台使师生之间能够线上线下、多角度、多侧面、多种方式进行表达、交流、分享，切实做到以学生为中心，有助于学生养成互动分享的习惯，提升学生自主学习及合作探究能力，也有助于培养学生思知、探知的共性及独特表达的个性，促进学生健康成长、全面而有个性地发展。

（3）有助于高效获取资源。语文教学的核心就是阅读，语文素养的提升源于阅读的积淀和深入的思考。但大到中外典籍，小到作文随笔，皆资源海量、浩如烟海，且参差不齐，而不同阶段的学生对阅读的需求是有差异的，教师需要根据不同阶段学生的差异选择适合的、质量较高的文章作品。传统的阅读教学在进行资源推荐时，有时空的局限，效率低下，满足不了学生阅读量的需求和个性化的需要。智慧课堂所用的信息化平台能够打破时空的局限，教师可以把挑选整合后的文字作品、视频等优秀学习资源上传到云端，学生可以通过自己的需要下载或在线阅读作品，满足个性化需求，提升学习效率。

（二）数学智慧课堂

1. 数学智慧课堂的特征

（1）感受体验情境化。情境创设是引入数学概念和理解数学方法的基础，利用智慧课堂信息化手段创设情境更能激发学生自主学习、发现问题和解决问题的兴趣。数学课堂多以抽象概念、定理、公式为主，学生如果只是依据大脑想象，那么很难从本质上认识数学、理解数学。因此，课堂的引入部分要精心设计，以激发学生的学习兴趣。通过多媒体技术，向学生呈现图片、语音、视频等学习资源，可以使学生直观感受数学知识，也可以使学生感受体验数学来源于生活又服务于生活。教师通过创设问题情境，唤起学生的好奇心，激发学生主动参与、积极探究的欲望，使学生沉浸于自主探究的境地。

（2）抽象探究模型化。针对数学概念、公式、定理等抽象问题，智慧课堂教学通过计算机和多媒体技术，让学生亲身经历将实际问题抽象成数学模型的过程。数学模型的建立就是探究学习的过程，我们可利用已知知识和计算机技术将其融合于智慧课堂教学中，实现抽象问题直观化、复杂问题简单化。用计算机仿真建立数学模型并进行计算分析，就是对实际问题进行抽象、概括、提炼，使之转化为数学问题，再利用已学过的数学知识解决问题。在这个过程中，引导学生从直观具体的事物中抽象概括出数学问题的本质，使他们进一步理解数学、运用数学。

2. 数学智慧课堂的优势

（1）有效增强学生学习兴趣，激发学生学习欲望。中学数学知识比较抽象，传统教学模式下，教师讲解，学生理解，对概念、定理、公式等只是模仿性练习，且课堂教学气氛较为沉闷，学生学习注意力容易分散，听课效果不理想。如果采用智慧课堂教学模式，就可以借助多媒体技术，以图片、视频、动态图形等方式引入本节课的知识点，先引导学生进入本节课的学习情境，通过直观感性认识吸引学生的注意力后，激发学生参与数学学习的主体性和主动性。

（2）有效突破重难点知识，提高课堂教学效果。传统课堂一般都是教师在讲台上不厌其烦地讲、在黑板上不停地写，学生则不停地做笔记，这种做法的结果往往是教师很疲惫，学生学习也很累，课堂的有效时间少。教师在讲解问题时，学生可能还在不停地记笔记，这会使学生感觉课堂很压抑，而且对于重难点等问题，学生不能得到解决。而在课堂上采用移动终端等信息化教学手段，可以进行多样的教学互动，包括随机点名、小组报答、限时作业等。针对学生答题中出现的问题，教师可以立刻进行屏幕讲解，提高学生的学习兴趣和积极性。如在高中数学中，三视图一直是学生掌握的薄弱环节，因为没有具体模型借鉴，学生学习时完全靠空间想象能力，这使得不少学生感到困惑。而借助于智慧教学手段，可以使学生形象直观、多角度地认识图形变化。

（三）英语智慧课堂

1. 英语智慧课堂的特征

（1）作文批阅信息化。在英语智慧课堂教学中，运用高精准的手写文字识别、自然语言理解、智能评测等科技手段，实现计算机应用于主观题的智能阅卷，包括作文智能批阅、自动生成测试报告、提供答题结果的大数据分析等，解决了传统教学手段无法解决的问题，最大限度地减轻了教师阅卷负荷。特别是针对英语作文分项能力趋势分析、学生作文异常数据分析、学生作文常犯错误分析等，帮助教师实现了基于智能批改和数据分析的英语作文讲评，使教师能够准确把握学生写作状况，实现"精准教学"。

（2）听说读写情境化。英语课堂教学中各种听说读写情境的创设和评价问题一直困扰着许多老师。智慧课堂的多元化学习资源，特别是各种视听说资源，极大地丰富了英语教学手段。创设情境化的听说读写活动和极具互动性的高效课堂，改变了原有的一支粉笔加录音机的单调教学手段。在听说读写的评价方面，智慧课堂通过标准化的英语听说全自动评分技术，自动分析听说成绩，并生成智能评价分析报告，提高了教学的针对性，从而真正提高学生的听说水平。

2. 英语智慧课堂的优势

（1）实现英语课堂"精准教学"。英语智慧课堂教学中，通过试卷批阅的信息化，进行各类答题结果的大数据分析，特别是针对英语作文分项能力趋势分析、学生作文常犯错误分析等，解决了传统阅卷无法解决的问题，实现了基于智能批改和数据分析的英语习题讲评，使得老师能够准确把握学生答题状况，有针对性地制订教学方案，实现教学决策的数据化和"精准教学"，构建了大数据时代的信息化课堂教学模式，实现英语个性化教学，提高英语课堂教学效率。

（2）实现情境化听说教学。基于智慧课堂信息化平台，运用各种新媒体、新技术创设多样化的学习情境，实现听说读写的情境化，通过多元化的学习资源的推送和即时化、立体化的课堂互动，促进学生听说读写能力的提升，丰富了英语听说教学的手段和途径。通过标准化和智能化的英语听说评测，解决了传统的英语听说评价中的各种问题，真正实现英语教学目标，更符合英语教学实际需要。

（四）物理智慧课堂

1. 物理智慧课堂的特征

（1）实验呈现实时化。借助 DIS 数字化实验系统，利用多类型的传感器、多通道的数据采集器、多样化的自主操控平台以及强大的函数图像处理系统，实现了实验手段数字化、测量呈现实时化，在真实实验的基础上实现了信息技术与物理实验的深度融合。比如研究物体运动规律时，可借助智慧课堂设备的拍摄功能记录其运动过程，再应用相关数字化软件对采集到的信息进行处理，"化动为静"，使学生能够更加直观、准确地分析物体运动的特征及规律。

（2）电磁核变宏观化。物理学科中的许多重难点知识都需要教师和学生具备极强的空间想象力和表达能力，因此在传统教学过程中容易造成教师难以表达、学生难以理解的现象。智慧课堂教学中，我们可以利用新兴的内容拍摄技术、内容制作技术和内容传播技术实现知识的直观、动态、交互式呈现，有助于教师的教学和学生的理解。运用新媒体技术，可以使物理教学中的现象规律可视化（比如大变小、小变大、快变慢、慢变快、平面立体化、静态动态化、无形有形化等），例如利用可视化技术让学生清楚直观地感受到磁感线的空间分布特点等。

2. 物理智慧课堂的优势

（1）突破传统实验手段的限制。利用数字化实验以及智慧课堂教学平台的相关功能，能够有效突破传统实验手段的限制，大幅度改进原来做不出、做不好的实验，变"不可见"为"可见"，"抓不住"为"抓得住"，将"不好做的"转变为"好做的"，提高了实验的高效性、精确性，并且实现了测量实时化、操作简单化，更好地培养了学生的创新意识和科学思维模式，提高了学生的动手能力和设计能力。

（2）有助于物理现象及规律的认知。智慧课堂教学平台与可视化技术相结合，为物理教学提供了方便有效的教学手段，达成传统教学中很难实现的教学效果，帮助教师突破了教学的难点，同时也节约了教师的备课时间，使得课堂教学更加高效。在物理现象及规律的教学活动中，让学生对知识的理解和吸收变得更加容易，减少了他们在物理学习中的困难和疑惑，使得学生对物理现象及其规律的认识更为深刻。

（五）化学智慧课堂

1. 化学智慧课堂的特征

（1）实验过程数字化。在实验探究的教学过程中，借助传感器、数据采集器等设备对实验过程进行实时监测，跟踪采集过程数据，并以图像的形式呈现。同时进行曲线拟合、对比及数据分析，将更多的定性实验转化成定量实验，为师生"定量化"研究提供平台，激发学生实验探究动机，这样有助于学生理解科学的本质，从而发展学生证据推理素养。

（2）微观结构可视化。可视化教学主要应用于抽象的事物，借助 AR 技术增强现实感，实现物质微观结构、反应微观过程的宏观化。在这种教学模式下，学生可以通过各种不同的视角观察微观事物，并可以以自然交互的方式对虚拟出的微观世界的分子、原子进行操作。可视化教学可以将抽象的学习内容可视化、形象化，激发学生的学习兴趣，培养学生微观探析素养。

2. 化学智慧课堂的优势

（1）有助于创造性学习。化学是一门以实验为基础的学科。传统教学中，教师要兼顾基础知识教学和实验探究，很难有充足的时间来保证实验探究的质量和意义。但在智慧课堂的教学模式中，学生可以在微课中学完基础知识，将课堂就可以留给实验探究，学生就有充足时间去体验科学探究的过程，并在不断的探究中发现问题，提出新见解、新设想、新创意。教师也要善于捕获生成的资源，为学生提供创新思维的方法和策略，培养和提高学生化学学科的素养。

（2）有利于创设化学教学情境。知识是学习者在一定情境下借助他人的帮助，通过意义建构的方式获得的。化学智慧课堂成功地解决了这一问题。它通过运用各种新媒体、虚拟现实、科学可视化等新技术，为化学教学创设宏观世界、微观粒子等传统手段无法创设的教学情境，从而激发学生主动学习、主动探索的愿望，最终使学生实现知识意义的建构。

（六）生物智慧课堂

1. 生物智慧课堂的特征

（1）实验过程精准化。很多传统的生物学实验获得结果的时间长，很难在课堂上让学生观察到最终的实验现象，即使有现象也不是很明显，这就让学生对实验过程和结论满怀疑惑，不利于学生对知识点的理解和掌握。采用数字化实验操作就会简便很多，现在常用的有显微数码互动系统、数字切片系统和传感器等。利用计算机进行数据处理并转化为图标、曲线等形式，大大缩短了获得结果的时间且所得数据更为精确，现象更明显，结论更清晰，极大地激发了学生探索科学的兴趣，有利于集中学生的注意力。

（2）微观操作虚拟化。生物教学中有很多生化反应和生化结构，立体的位置关系难以用语言表达清楚，传统的教学媒体也难以清晰呈现，再加上实验视频、动画演示、图片、人体构造等实物资源少，更不用说知识拓展、接收一些课外的最新的高科技研究成果了，这就会造成学生对知识理解的障碍。但是，利用 VR 和 AR 技术可以使现实的问题通过虚拟化来解决，从而在一定程度上解决以上的问题。有了这些技术，学校可建立虚拟实验室，让学生通过计算机提供的虚拟实验设备、材料来进行虚拟的实验操作。AR 技术可以使书本上的图立起来、动起来，让学习内容直观立体地呈现在学生面前，从而使整个课堂活跃起来。

2. 生物智慧课堂的优势

（1）提高科学探究兴趣。传统的课堂主要由教师主导、讲授，学生只是被动地接受，时间一长，学生容易分神。现在变成学生主动地进行尝试、探究，学生做课堂的主人，而教师只是起辅助、引导的作用，这种教学优势在实验教学方面体现得尤其明显。以往的实验由于各种条件的限制根本不能开展，即使有的学校做演示实验，次数也不会太多。现在可以利用虚拟化的操作系统，采用 AR 和 VR 技术，使实验不再拘泥于时间和空间等其他条件的限制，让学生随时随地都可以进行实验探究，使他们尝到自主探索的乐趣，从而大大激发他们的学习兴趣。

（2）有利于实验结果输出。传统的实验，其结果无非是颜色反应，或是气体的逸出，离不开观察底物的消耗和产物的生成，且很多时候实验现象很难被清晰地捕捉。比如过氧化氢在不同条件下的分解实验，结果是通过观察气泡的释放说明气体逸出的情况，在实际操作时，常常会因把握不好实验的节奏而错过观察的最佳时间。现在利用传感器，可以将气体逸出的情况直观地反映在曲线或是图形中，敏感且高效，实验现象和结果一目了然，使结论呼之欲出。

（3）有利于创新和合作。在利用网络信息能快速高效地采集数据的基础上，智慧课堂能够实现学习升华为认知上的进一步改良。课堂上的分组教学模式，可以使小组成员间分工合作完成教师预设的学习任务，学生在学习的过程中往往除了能够完成任务，还能在合作的过程中迸发出新的火花。他们大胆地对课本上的知识探究历程并提出质疑，能制订出更好的改良方案并分工合作完成探索。不管结果如何，这确实体现了学生学习已经达到了超前的广度和深度。

（七）历史智慧课堂

1. 历史智慧课堂的特征

（1）史料实证数字化。史料实证指对获取的史料进行辨析，并运用可信史料努力重现历史真实的态度与方法。史料实证数字化就是通过智慧课堂教学平台的数据处理，将历史课堂中复杂的史料实证的过程转变为可以度量的数字、数据，依靠直观的教学数据精准地掌握学情和调整教学策略，在历史课堂中实现基于数据的有效教学。

（2）理解分析情境化。这里的理解分析指的是"历史理解"，它是指对历史事实的叙述提升为理解其意义。理解分析情境化就是通过智慧课堂教学平台，教师有目的地构建具有一定情绪色彩的、以形象为主体的生动具体的教学场景，以给学生带来一定的情感体验，从而帮助学生更好地感知、分析历史现象，使学生科学理解历史事实，能够以全面、客观、辩证、发展的眼光看待和评判历史事件。

2. 历史智慧课堂的优势

（1）提高学习探究的效率。在历史智慧课堂教学中，学生能够通过教学数据的直观分析，直观了解史料的多种类型，掌握搜集史料的途径与方法。同时，在数字化手段呈现出的教学数据分析解读的帮助下，学生一方面能够感受史料呈现的情境化氛围，另一方面能够加深对史料的辨析和对史料中作者意图的认知，判断史料的真伪和价值，并在此过程中体会实证精神，并据此提出自己的历史认识。在这种教学模式下，课堂内外师生、生生间合作探究的效率能够不断得到提高。

（2）实现个性化学习辅导。在历史智慧课堂教学平台中，史料实证材料的数字化和历史理解的情境化，使学生的历史学习内容变得直观与明确，有助于学生按自己课前、课中、课后的学习情况，自主选择学习内容，提出具有个性学习特点的问题。这样的智慧课堂教学更尊重了学生的个体差异，有助于学生的个性发展，让学生体会到自主学习的快乐。这种类似于教师对学生的一对一辅导，可以使每个学生进行有针对性的学习，这样既可查缺补漏又能强化巩固知识。

（3）促进教学策略的优化。借助于历史学科智慧课堂教学新模式，教师能够通过对学生课堂全过程学习的动态数据统计与分析，充分了解学生的学习掌握程度。如此一来，教师就可以根据学情有计划地开展教学活动，组织更加个性化的课堂教学。同时，通过随堂练习及智能评测系统，智慧课堂教学平台可快速分析与反馈学生的学习效果，使教师能够及时调整课堂教学进度与内容，处理好预设与生成的关系。在这种教学模式下，教师能够发挥机智教学，提升课堂教学品位。

二、智慧课堂的基本范式与应用

"智慧课堂是善于导入、走向生活、注重体验的课堂；是提出问题、积极参与、解决问题的课堂，是激发兴趣、开放合作、积极探究的课堂；是处理好过程与结果、直观与抽象、情景性与知识系统性关系的课堂；是机智教学的课堂。教学有法，教无定法，贵在得法。只有不断地研究与创新，才能打造智慧课堂。"① 在智慧课堂教学实践中，随着新一代信息技术在课堂教学的不断探索与应用，逐步形成了适应智慧课堂教学环境的特定的教学观念和行为方式，即教学范式。反过来，这种范式又对进一步的智慧课堂教学实践起指导作用。因此，在智慧课堂特征及应用优势分析的基础上，有必要对智慧课堂的教学范式进行探讨，为智慧课堂教学应用提供基本依据和参照样式。

（一）智慧课堂教学范式

智慧课堂教学范式是依据建构主义学习理论进行教学顶层设计，运用"互联网+"的思维方式和新一代信息技术开发应用，通过技术与学科教学的深度融合，创新、重构课堂教学模式，实现"云端构建、先学后教、以学定教、智慧发展"的新型信息化教学范式。这一范式的基本内涵如下所述：

第一，云端构建。智慧课堂以建构主义学习理论为依据，利用云计算、大数据、移动互联网和人工智能等新兴智能信息技术，基于"云、网、端"部署方式，构建智慧学习云平台，分别为师生提供教师端移动教学工具和学生端移动学习工具，创设有利于协作交流和意义建构、富有智慧的学习环境和手段。

第二，先学后教。智慧课堂依据建构主义学习理论，树立"以全体学生为中心"的理念，注重利用技术为学习者的有效学习服务，变革传统课堂"先教后学"、课后"知识内化"的流程，开发富媒体学习资源，便于学生课前自学，主动开展预习探究，从而实现"先学后教"和"知识内化"的教学效果。

第三，以学定教。智慧课堂基于"云、网、端"平台，向教师提供学生学习特征和学习历史档案记录。在智慧课堂教学环境下，教师可以通过课前预习测评和即时反馈、课中随堂测验和实时交流互动、课后在线作业和个性化及微课式辅导，精准掌握学生学情，优化教学预设和实施策略，实现"以学定教""因材施教"。

第四，智慧发展。在智慧课堂教学环境下，教师可以基于新的课堂形态和学习环境，围绕学生核心素养的发展，提高教学全过程的针对性、科学性和有效性。智慧课堂通过智慧的教和智慧的学，帮助学习者实现符合个性特征的智慧成长，帮助教师实现个性化、专业化发展，实现学校智慧教育特色教育健康发展。

---

① 沈从举. 例说智慧课堂 [J]. 教育实践与研究，2014（6）：20.

（二）智慧课堂教学的应用

1. 重新构建学习环境

建构主义理论为互联网时代课堂教学变革指明了方向，但如何实施建构主义的思想观念，有待人们实践探索，智慧课堂教学为此提供了一种具体的实践模式。建构主义理论揭示了互联网背景下学习的本质、特点和实现方式，提出了理想学习环境的要素构成，这些为"互联网+"时代智慧课堂的构建提供了重要的参考模型。利用"互联网+"的思维方式和当今多种最新的信息技术手段，如基于物联网的感知技术、大数据分析技术、人工智能技术等，针对课堂教学的课前、课中、课后全过程应用需要，创建一个高度感知、互通共享、协同服务的智慧教育环境和各种有利的认知工具，使原来单调枯燥的课堂变成生动的数字化"体验馆""实验场"，有利于在教学过程中采取多元的交互协作方式，增进教师与学生之间、学生与学生之间的立体化沟通交流，加强了数据信息的智能处理、推送功能，有利于开展协作和探究学习，帮助学习者实现意义建构。

2. 重新构建教学模式

传统的班级授课制教学中长期存在"以教师为中心"、基于经验的教学预设、难以即时评测、师生互动不够、缺乏课内外协作互助等不足，利用新一代信息技术可以有效破解传统教学的难题。智慧课堂"云、网、端"信息化平台促使传统教室的形态发生了变革。教师能利用移动智能终端走到学生中间，与学生平等交流，这种教学模式融洽了师生关系，改变了师生角色，使教师成为学生学习的帮助者、促进者，有利于树立"以学生为中心"的教学理念。

此外，智慧课堂平台利用动态数据和学习分析技术，实现了数据化决策、即时化评价、立体化交流、智能化推送、可视化呈现和数字化实验，增进了课堂学习的交互与协作，建立了新型的信息化课堂教学模式，提升了课堂的信息化、智能化水平。教师基于智慧课堂信息化平台应用，可通过课前预习和测评反馈实现"以学定教"，通过课中实时检测和互动交流实现"精准教学"，通过课后智能化作业推送和微课式辅导实现"因材施教"。

3. 重新构建学习方式

在智慧课堂学习环境下，移动的学习工具、富媒体学习资源、教师的个性化辅导等，为学生的个性化学习提供了极为便利的条件。学生利用移动终端，既可以与教师、同伴互动交流，又可以移动在线学习相关课程和配套资料，实现碎片化、泛在化学习。传统班级授课制课堂中一个班级几十个学生，教师根本不可能照顾到每个学生的个性特征和个性需求，大数据等新一代信息技术的应用解决了这一难题。例如，利用大数据学习分析，我们可以去关注每一个学生个体的学习过程、学习行为，可以精准地获得学生的真实表现。大数据学习分析提供了最为个性化的学生特点信息，有助于课前有针对性的导学，课中进行分组学习、协作学习，课后完成多样化、个性化的作业，提高了学习的针对性、有效性。

4. 重新构建教学评价

基于动态学习数据分析和"云、网、端"应用，智慧课堂有利于构建全过程动态学习评价体系。未来课堂在课前阶段，基于学生学习历史数据分析和课前预习测评反馈，能实现准确的学情评价分析，以利于教学预设、以学定教；在课中阶段，教师能通过课堂的实时评测和互动交流，准确了解学生课堂学习的实时状态，以便随机调整教学策略，实现精准教学；在课后阶段，通过智能化作业推送、在线提交和批改功能，教师能够与学生进行课后交流，及时掌握学生作业情况并反馈辅导，以有效巩固和提高学生的学习效果。智慧课堂模式下，学习评价从过去的结果性评价向伴随式、诊断性评价转变，评价与教学能实现有机结合，从而形成全新的评价体系。

5. 重新构建教学管理

智慧课堂学习环境下的教学管理方式也发生了根本变化。智慧课堂教学模式鼓励学生自主选课、自主学习、分层教学，因此必然要求调整教务管理、学分管理、考试管理等制度，建立"自主选课"的课程计划、"走班学习"的教学安排、"在线学习"的学分认定等管理制度，探讨基于个人网络空间、班级学习社区的学生管理、班级管理新方式，并通过建立学生学习成长档案、学生个性特征记录来开展学生综合素质评价。此外，智慧课堂端工具可以拓展到"家长端""管理端"，有利于家校互通，将学校管理、家庭教育与学生学习有机结合起来，从而新的教学管理模式得以建立。

参考文献

[1] 安素平，安晓光. 信息化学习方式与案例教学 [J]. 漳州师范学院学报（哲学社会科学版），2012（1）：171-174.

[2] 查仲春. 论教育信息化 [J]. 山东社会科学，2003（4）：151-153.

[3] 常华锋. 学科教学设计模式的建构研究 [J]. 当代教育科学，2014（15）：13-16.

[4] 陈琳，文燕银，张高飞，等. 教育信息化内涵的时代重赋 [J]. 电化教育研究，2020，41（8）：102-108.

[5] 陈蓉琳. 基于不同学习风格类型的大学生在线学习交互研究 [J]. 教育与职业，2012（6）：178-180.

[6] 陈雯. 教育信息化 2.0 时代家园共育的智慧化 [J]. 学前教育研究，2022（8）：91-94.

[7] 陈晓伟，胡菁. 浅谈现代教育技术环境下学生创新能力的培养 [J]. 现代教育技术，2011，21（6）：142-144.

[8] 陈永，孙迎慧. 应用现代教育技术提高教学效益 [J]. 实验室研究与探索，2001，20（6）：39-41，44.

[9] 丁克勇. 应用现代教育技术创新教学环境 [J]. 实验室研究与探索，2001，20（6）：45-47.

[10] 都业涛. 校园网信息安全优化方案 [J]. 中国新通信，2023，25（2）：122-124.

[11] 高荣国. 信息运动形态与学校教育信息化 [J]. 江苏师范大学学报（哲学社会科学版），2014，40（3）：134-138.

[12] 胡涛. 信息技术与小学数学课程整合的教学模式和需要注意的问题 [J]. 辽宁教育研究，2003（7）：94-95.

[13] 李逢庆，王政，尹苗. 智慧课堂的嬗变与趋向 [J]. 现代教育技术，2021，31（9）：13-19.

[14] 李逢庆，尹苗，史洁. 智慧课堂生态系统的构建 [J]. 中国电化教育，2020（6）：58-64.

[15] 李建华. 论教育信息化与信息技术教育 [J]. 黑龙江高教研究，2005（1）：97-99.

［16］李杰. 智慧课堂概述［J］. 考试周刊，2019（31）：16.

［17］李敏. 试论教育信息化与教育观念转变［J］. 当代教育论坛，2007（18）：85-86.

［18］李祺，李春鹏. 论教育信息化［J］. 电化教育研究，2004（11）：1-7.

［19］李晓龙，徐文珍. 例析课堂观察在微格教学中的应用［J］. 中学生物教学，2022
（9）：34-36.

［20］李岳黄. 谈现代教育技术与学科教学的整合［J］. 中国成人教育，2007（4）：119-
120.

［21］梁品. 论现代教育技术与教师专业化［J］. 中国成人教育，2005（5）：101-102.

［22］廖婧. 智慧学习环境下开放教育学习支持服务模型的构建［J］. 广西广播电视大学
学报，2022，33（3）：26-31.

［23］林铭.《现代教育技术》课程内容体系改革探索与实践［J］. 现代教育技术，2011，
21（1）：56-59.

［24］林阳. 从教育信息化到教育信息环境优化［J］. 现代教育技术，2003，13（3）：69-
72.

［25］刘红珍. 教育信息化与教师角色［J］. 教育探索，2003（4）：95-96.

［26］刘其武. 数学智慧课堂的构建［J］. 教学与管理（中学版），2020（5）：60-62.

［27］刘万年，冯晓晴. 教育信息化与信息化教育［J］. 电化教育研究，2003（10）：6-
10.

［28］刘颖. 基于设计的研究在《现代教育技术》实验课中的运用［J］. 现代教育技术，
2011，21（8）：55-59.

［29］马惠君. 浅谈网络教育资源的类型［J］. 科技情报开发与经济，2006，16（5）：80-
81.

［30］牛惠芳，王淑玉. 教学效果评价方法研究［J］. 数学教育学报，2010，19（2）：89-
91.

［31］潘文涛，黄宣文. 微格教学若干问题探讨［J］. 电化教育研究，2005（8）：53-54.

［32］任印录. 微格教学功能探析［J］. 河北师范大学学报（教育科学版），2005，7（6）：
103-105.

［33］沈从举. 例说智慧课堂［J］. 教育实践与研究，2014（6）：20-22.

［34］孙敬武. 高校教育信息化建设的思考［J］. 中国青年政治学院学报，2006，25（6）：
79-81.

［35］孙莹莹. 教育信息化探索及实践研究［J］. 教育与职业，2012（33）：163-164.

[36] 唐瓷. 智慧课堂的教学策略研究 [J]. 教学与管理（理论版），2021（10）：101-105.

[37] 王道福，曾云华. 论现代教育技术的认知心理优势 [J]. 教育与职业，2007（3）：147-149.

[38] 王鉴，张盈盈. 新时代我国教师教育高质量发展的逻辑与路径 [J]. 重庆高教研究，2023，11（1）：14-25.

[39] 吴仁芳，朱莹，沈文选. 现代教育技术与数学教师发展的相关性研究 [J]. 现代教育技术，2009，19（z1）：55-57.

[40] 许文芝. 论智慧课堂在高职教学中的应用 [J]. 教育与职业，2021，988（12）：98-102.

[41] 严敏. 信息化教学设计探究 [J]. 考试周刊，2015（94）：111.

[42] 杨琳. 现代教育技术在教学中的应用 [J]. 广西大学学报（自然科学版），2002，27（z1）：205-207.

[43] 杨重阳，武法提. 基于深度学习的智慧课堂设计框架 [J]. 开放教育研究，2022，28（6）：91-100.

[44] 以数字化提升教育发展质量 [J]. 教学管理与教育研究，2022，7（8）：123.

[45] 张明. 论现代教育技术环境的创设 [J]. 安徽师范大学学报（人文社会科学版），2000，28（2）：282-284.

[46] 张楠. 信息技术与教育教学深度融合 [J]. 丝路视野，2018（36）：44.

[47] 赵呈领，阮玉娇，梁云真. 21世纪以来我国教育技术学研究的热点和趋势 [J]. 现代教育技术，2017，27（3）：49-55.

[48] 赵一婷，钟绍春，唐烨伟. 技术赋能视角下网络学习空间生态研究 ——内涵、要素与架构 [J]. 中国电化教育，2022（10）：126-133.

[49] 周锦芳. 现代教育技术在教育中的影响与作用 [J]. 中国成人教育，2007（8）：76-77.